LIBRAIRIE AVANT-GARDE | SHAKESPEARE AND COMPANY | CRAYONHOUSE | INDEPENDENT BOOKSTORES IN KOREA

장동건의 백 투 더 북스

BACK TO THE BOOKS

글 <장동건의 백 투 더 북스> 제작팀

AWARDS

<장동건의 백 투 더 북스>는
그 어느 곳에서 만날
나의 미지의 연인에게 띄워 보내는 편지다.

- 2021년 해외 우수 공동제작 대상에서 대상 수상(방송통신위원회)

- 2021년 제54회 휴스턴국제영화제 필름 다큐멘터리 부문, 플래티넘 레미상 수상

- 2020년 NHK 토요일 저녁 황금시간대 방영, 다큐멘터리 시리즈로는 독립제작사 최초

- 2019년 방송콘텐츠대상에서 최우수상 수상(과학기술정보통신부)

CONTENTS

6
머리글

8
추천사

10
프리젠터 장동건의 <백 투 더 북스>

22
중국편 <나의 아름다운 연인, 셴펑서점>

78
프랑스편 <셰익스피어 인 파리>

114
일본편 <빛나는 책의 나라>

160
한국편 <서점, 그 이상의 서점>

204
<장동건의 백 투 더 북스> 시즌2 소개

PREFACE

책과 서점의 의미를 되새기는 여행

"천국이 있다면 그것은 서점의 모습을 하고 있을 것이다."
-호르헤 루이스 보르헤스

디지털 시대에 책과 서점은 과연 종말을 고할 것인가? 스마트폰 시대에 책과 서점은, 인간의 존재 가치를 찾고 삶의 의미를 묻는 이들에게 지혜의 나침반이 될 수 있는가? 이 질문에 대한 답을 찾아 <장동건의 백 투 더 북스> 시즌1에서는 3년간 중국, 프랑스, 일본의 랜드마크로 불리는 명문서점과 다양한 시도로 차별화를 모색하는 국내 서점들을 취재했다. 삶의 유토피아를 만나러 책의 숲으로 떠난 첫 번째 프러포즈였다. 우리는 서점과 책에 대한 서점주들의 철학과 실천이 사회와 도시를 변화시키는 모습을 보았고, 작은 서점 하나가 중국 산간벽지의 오지 마을을 1년이 채 안 되어 완전히 탈바꿈시키는 현장을 생생하게 확인할 수 있었다.

중국에서 센펑서점 촬영 도중 만났던 잊을 수 없는 소녀가 있다. 그녀는 한 달에 한 번 새벽 5시에 일어나 첫 버스를 타고 2시간 넘게 걸려 저장성 리수이시 쑹양현, 해발 900미터의 산 절벽에 위치한 640여 년 된 진가보 마을에 도착한다. 이곳에는 센펑서점의 분점인 진가보평민서국이 있다. 절경을 자랑하는 서점의 첫 손님으로 와서 늦은 오후 막차를 탈 때까지 책 속에 푹 빠져 있던 소녀. "하버드대에서 물리학을 공부하고 싶어요"라며 자신의 꿈을 <백 투 더 북스> 취재팀에게 당차게 말했던 아홉 살 소녀 첸무용(钱木瑶)의 모습이 아직도 또렷하게 남아 있다.

중국의 난징에서 센펑('거침없이 나간다'는 의미)서점이라는 거대한 배를 이끌어나가고 있는 선장은 서점주 첸샤오화(钱小华)다. 14세에 형과 같이 25킬로미터를 걸어 나무를 베어다 팔면서 집안의 생계를 도와야만 했다. 그는 지독한 근시 때문에 중학교도 제대로 마치지 못했지만 누구보다 책을 생명처럼 사랑하는 사람이다. 책에 늘 미쳐 있다고 해서 별명이 '책벌레'인 첸은 거친 파도와 싸우며 바다를 누비던 70년 된 배의 갑판을 통째로 뜯어다가 자신의 집무실 바닥과 회의용 탁자를 만들고, '이상향으로 가는 배'라 칭하며 오늘의 시대를 헤쳐나가고 있다. "여기에 앉아 해초 냄새를 맡으면 거친 파도에 맞서면서 살아온 뱃사람들, 인민들의 역사가 느껴져요."

첸샤오화가 어렸을 때 자살한 어머니가 꿈에 자주 나타나 바쳤다는 센펑서점 우타이산 본점은 '세계 최고의 서점(독일 슈퍼겔)' '세계에서 가장 아름다운 서점(미국 내셔널지오그래픽)' '세계의 아름다운 10대 서점(BBC)' '중국에서 가장 아름다운 서점(CNN)' 등 해외 유명 언론으로부터 최고의 서점으로 선정되었다. 세계 모든 이들의 이목을 집중시키고 있는 센펑서점은 독서를 갈망하는 이방인들과 사랑하는 연인들을 오늘도 기다린다.

2019년 <장동건의 백 투 더 북스> 시즌1을 향한 뜨거운 성원과 격려에 힘입어 단행본을 출간하게 되었다. 먼저 <장동건의 백 투 더 북스>에 동참해주신 모든 분께 감사 인사를 드린다. 특히 프리젠터로 출연해 서점 여행을 같이 떠났던 배우 장동건 씨에게 깊은 고마움을 전한다. 공동 연출한 조진 감독, 이민주 감독, 최규석 PD, 백경민 PD, 박채정 작가, 이영애 음악감독을 비롯해 센펑서점의 첸샤오화 대표와 장뤼펑 이사, 이지용 통역, 공동제작한 일본의 오타 신이치 IAW 대표와 재일교포 성악가 전월선 님, 한길사의 김언호 대표님께 감사함을 이 책에 담아 보낸다. 단행본 출간을 위해 노력해준 윤인호 감독, 전종혁 편집장과 수호천사 나원정 기자에게도 고마움을 전한다.

나의 신부님이신 가톨릭문화원의 박유진 신부님, 구세군 연희교회의 김종선 사관님, 구세군 과천교회의 이보탁 사관님의 기도에 늘 감사드린다. <백 투 더 북스> 시즌3까지 헌신적으로 도와주시고 있는 이현주 님께 감사드리며, 2017년 아들 삼아주시고 오늘도 쉬지 않고 기도를 하고 계실 양어머님 이민자 님, 선하고 지혜로운 우리의 길을 인도하시는 아버님께 이 책을 바친다.

2021년 12월
다큐멘터리 감독 김태영

RECOMMENDATIONS

오래도록 독자의 벗이 되길 기원합니다

가톨릭문화원장 박유진 신부

2019년 늦가을, JTBC TV 특집 4부작으로 시청자들과 처음 만났던 다큐멘터리 <장동건의 백 투 더 북스>가 지구촌 여행을 마치고 다시 책으로 태어났습니다.

세계 명문서점들을 심층 취재하여 독서와 인문학의 소중함을 담아낸 <백 투 더 북스>는 팬데믹 시대에 인문정신을 일깨웠으며 희망의 나눔을 실천했습니다. 이 다큐멘터리는 2019년 방송콘텐츠대상에서의 수상에 이어 2021년 5월 휴스턴국제영화제 필름 다큐멘터리 부문의 대상인 플래티넘 레미상에 선정되었습니다. 이런 영예는 비평가와 시청자들이 보내주신 지지 덕분이며, 소중한 상을 하늘의 선물처럼 받은 것은 제작진이 더 달려가게 하려는 사명의 채찍이었습니다.

우리에게 <장동건의 백 투 더 북스>로 각인된 귀한 영상 다큐멘터리가 책으로 재탄생할 수 있는 것은, 김태영 감독과 배우 장동건을 비롯한 모든 제작진이 한마음으로 하나 되었기 때문입니다. 이 책은 팬데믹 시대에 공생을 모색하는 지구촌의 서점들을 향한 다큐멘터리 제작진의 응원이자 동시에 <백 투 더 북스> 시리즈가 지닌 화두에 대한 또 하나의 응답입니다. 코로나19를 극복하기 위해 모두 스스로 격리하고 갇혀 지낸 시간이기에 더더욱 여행이 그리워집니다. 이런 시기에 사상과 문화를 탐구하고 인간의 근원과 가치의 길을 찾을 수 있도록 안내하는 행복한 책이 되어 독자의 책장에서 오래도록 벗으로 함께하길 기원합니다.

2022년, 새해 봄에 방영될 <장동건의 백 투 더 북스> 시즌2에 앞서 선보이는 책 <장동건의 백 투 더 북스>는 2021년 겨울에 태어나 인문의 봄을 준비하는 초석이 될 것입니다.

디지털 시대에 독서만이 누릴 수 있는 기쁨

구세군 연희교회 김종선 사관

어느 순간부터 우리 곁에서 책은 자연스럽게 멀어지고 있다. 책을 보던 손은 휴대폰을 붙잡고 살아간다. 자신도 모르게 디지털 문화에 취해 시대정신이나 주요 사건에 대한 비판적 사고 없이 휴대폰에서 검색되는 글을 수용한다. 일상의 대부분이 디지털화된 시대에서 아날로그 문화는 구세대의 유물로 취급되기에 십상인 형국이다. 여기서 우리는 디지털과 아날로그로 세월의 간극을 짐작할 수 있다. 그러니 이미 모든 것들이 디지털화된 세상에서 책장을 넘기며 책을 읽는 아날로그 문화의 상징인 '독서' 역시 시대에 뒤떨어진 세상의 유물로 취급되는 것이 이상하지도 않다.

　독서를 말할 때 빼놓을 수 없는 격언이 '학이시습지 불역열호(學而時習之 不亦說乎)'이다. 공자는 '학이' 편에서 군자의 세 가지 기쁨(君子三樂) 중에서 첫 번째 기쁨으로 "배우고 때맞춰 그것을 익힌다면 이 또한 기쁘지 아니한가?"라고 했다. 한 사람의 일생에서 배우는 시기가 있다고 하지만, 그 시기를 넘어 평생 배우는 자세로 책을 읽는 사람의 기쁨을 공자가 대신 말해준 듯하다.

　김태영 감독을 통해 다큐멘터리로 방영이 된 <장동건의 백 투 더 북스>가 책으로 세상에 모습을 드러내는 과정을 가까이에서 지켜본 나는 김태영 감독의 책 사랑에 큰 감동을 받았다. 경영 논리로 따지면 전혀 타산이 맞지 않는 <백 투 더 북스>를 고집스럽게 세상 사람들에게 보여주려는 이유는 비록 책이 아날로그 문화의 상징과 같이 여겨졌다고 해도 여전히 현대인들에게 사람이 사람다움을 되찾는 곳이 책이라는 확고한 철학 때문이다. 그래서 <백 투 더 북스>를 통해 우리나라에 독서의 바람이 불어오기를, 나 역시 하늘의 그분에게 간절하게 기도해본다.

장동건의 백 투 더 북스

Live always in the best company when you read.

독서할 때 당신은 항상
가장 좋은 친구와 함께 있다.

우리는 책을 매개로 세상과 대화하고, 사람들과 시대정신을 공유합니다.
서점은 책과 특별한 관계가 시작되는 만남의 장소이자 마음의 안식처입니다.

서점은 책과 더불어 고유한 삶을 꿈꿀 수 있는 독창적인 터전입니다.
책의 그윽한 향기로 소통하고 지성의 숨결로 성장하는 인문학의 공간입니다.

서점은 단순히 책을 사고파는 곳이 아니라 희망과 철학을 나누는 곳입니다.

책과 서점의 의미를 찾아가는, 세상에서 가장 아름다운 여행을 장동건과 함께합니다.

BACK TO THE BOOKS

중국의 7대 고대도시 중 하나인 난징은 중국의 파란만장한 역사를 간직한 곳이다. 명승고적지를 탐방하는 중년부터 새로운 트렌드를 추구하는 신세대까지 난징에 오면 반드시 들르는 곳이 있다. 난징의 예술과 문학을 새롭게 선도하고 있는 문화 공간, 센펑서점이다. 2004년 문을 연 우타이산 본점을 필두로 난징 곳곳에는 특색 있는 테마를 지닌 센펑의 분점들이 포진해 있다. 센펑의 길을 따라가는 여행이 곧 난징의 역사와 문화를 이해하는 지름길이다. 만리장성만큼 유명한 센펑서점은 난징을 넘어 중국 전역에 독서 열풍을 퍼트리고 있다. 센펑의 행보에는 공존의 시대정신이 담겨 있다.

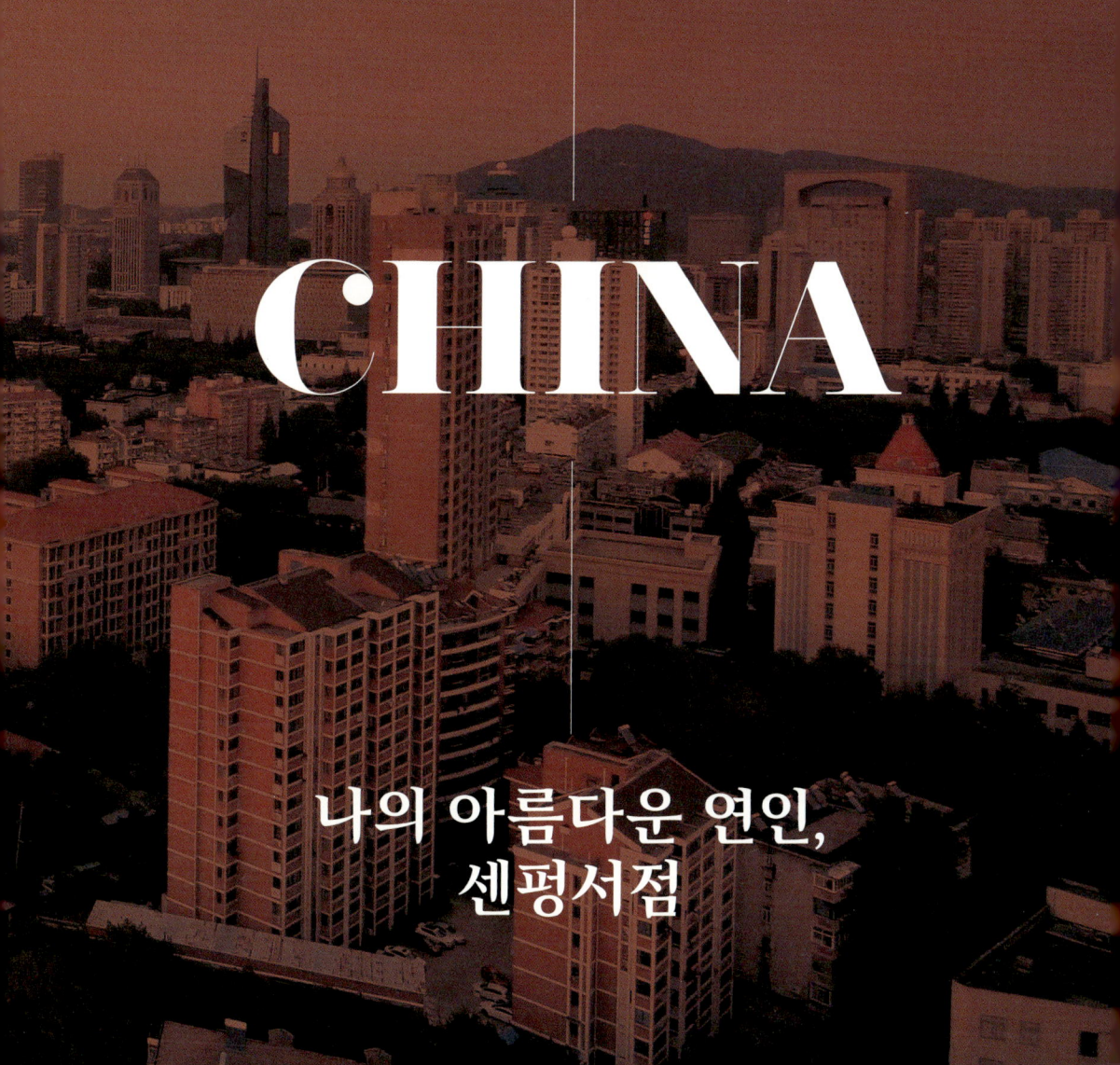

CHINA

나의 아름다운 연인, 센펑서점

BACK TO THE BOOKS
CHINA

LIBRAIRIE AVANT-GARDE

셴펑서점

先鋒書店
ADD 173 Guangzhou Rd, Gulou, Nanjing, Jiangsu, China 210024
TEL 86-25-8371-1455

"셴펑서점은 공공도서관입니다.
　　　　시민들이 문화와 독서를 즐길 수 있는
민주주의 정신이 깃든 나눔의 공간입니다."

- 셴펑서점 창업주 첸샤오화

왕조의 흥망성쇠를 함께한 고도 난징

양자강揚子江이 유유히 흐르는 난징南京은 중국 동부 지방에 위치한 역사의 보고다. 사통팔달의 도로망과 물길이 만나 장쑤성江蘇省 최대 공업도시로 성장했다. 중국 7대 고도古都 중 하나인 난징은 유구한 역사를 자랑하는 명승고적지가 많은 곳이다. 난징이 삼국시대, 즉 <삼국지>의 영웅으로 친숙한 황제 손권孫權, 182-252이 세운 동오東吳, 229-280의 수도였던 것을 떠올리면 중국사에서 차지하는 위상을 쉽게 알 수 있다. 제갈량諸葛亮이 '제왕이 자리 잡을 땅'이라며 풍수를 극찬한 곳이 바로 난징이다. 여러 왕조의 수도였던 난징은 1368년 한족이 명나라를 세우자 다시 수도가 되었다. 남북조시대부터 시인들의 발길이 끊이지 않았던 문화 중심지였지만 서양식 근대화와 일제의 침략을 겪은 풍운의 도시로, 우리에겐 특히 항일운동 지도자 김구金九, 1876-1949, 김원봉金元鳳, 1898-1958 등이 활동했던 주 무대로 기억되고 있다. 인구 850만 명에 육박하는 난징에서 빼놓을 수 없는 명물은 도시와 함께 숨 쉬고 있는 난징성벽이다. 1386년에 완공한 성벽은 약 35킬로미터의 길이로 뻗어 있으며 도시를 둘러싼 것으로는 세계 최대 규모다. 오늘날은 약 21킬로미터가 보존되어 있고, 난징의 역사와 문화의 중요한 일부분이 되었다. 난징 시민들이 세월의 풍파를 견뎌온 난징성벽이나 난징의 안식처 현무호玄武湖만큼이나 자주 방문하는 곳이 있다고 한다. 도심의 고층빌딩 숲속에 있는 위치한 그곳. '앞장서서 나간다先鋒'는 뜻의 셴펑서점이다.

난징의 랜드마크, 셴펑 우타이산 본점

전 세계적으로 지역의 동네 서점이 사라져가는 디지털 시대에 만리장성만큼 유명하다는 셴펑서점은 일개 서점의 영향력을 넘어 중국 인문학의 등불로 불린다. 난징 시민들은 2006년 고도 난징의 12대 문화 명소로 셴펑서점을 선정했고, 난징대학교

* 셴펑서점은 난징 시민들에게 만남과 교류의 장소다.

• 거대한 십자가가 숭고하게 다가오는 셴펑 우타이산 본점은 지하 주차장으로 사용된 공간답게 바닥에 주차선의 흔적이 남아 있다. 직원들이 이용하는 서점의 후문인 철문에서도 낡은 방공호의 역사를 확인할 수 있다.

학생들은 난징대학 제2도서관으로 부를 정도다. 서점에 대한 유별난 사랑은 단순히 난징 시민들의 자화자찬에 머무는 것이 아니다. 중국뿐만 아니라 세계 유수 언론에서 지속적으로 찬사를 받아왔다. 2013년 미국 CNN이 '중국에서 가장 아름다운 서점', 2014년 영국 BBC가 '세계의 아름다운 10대 서점', 2016년 미국 내셔널지오그래픽이 '세계에서 가장 아름다운 서점', 2016년 독일 슈피겔이 '세계 최고의 서점' 등으로 선정한 바 있다.

  2004년 9월에 문을 연 셴펑서점의 우타이산五臺山 본점은 첫날, 수만 명이 방문할 정도로 문전성시를 이루었다고 한다. 이는 중국 민영 서점의 역사에 기록될 만한 사건이었다. 난징의 랜드마크로 자리 잡은 우타이산 본점은 도심 안에 낮게 수그리고 있는 모양새다. 고층건물이 위세를 부리거나 요란하게 장식한 대형 서점의 간판이 소비자를 유혹하는 것과는 전적으로 거리가 멀다. 한마디로 매우 소박하다. 호화를 추구하지 않고, 규모를 추구하지도 않는다. 셴펑이라는 서점의 이름만 힘 있게 다가올 뿐 스스로를 뽐내지 않는다. 묵묵히 자신의 자리와 이념을 지키고 있는 느낌이다. 서점 안 입구로 향하는 콘크리트 바닥에 차선과 화살표 표시가 남아 있는 걸 보면 알 수 있듯 우타이산 본점은 전쟁 당시 3780제곱미터의 방공호로 사용되었다가 전후에 지하 주차장으로 바뀌었다. 서점 내부 바닥에는 주차선이 아직 남아 있다. 그런 의미에서 이 서점은 유일무이한 천연기념물이라 할 수 있다. 주차장이었던 자리에 들어선 세련되고 현대적인 공간은 공공도서관의 역할을 수행하고 있다.

서점의 또 다른 흔적을 후문에서 찾아볼 수 있다. 셴펑서점이 시민들에게 사랑받는 이유 중 하나는 각각의 서점마다 공간의 역사와 흔적을 있는 그대로 보존한다는 점이다. 벙커답게 공습을 대비해 설계한 문이 그대로 남아 있다. 전쟁을 대비한 철문이 이중으로 만들어져 매우 두껍다는 것을 확인할 수 있다. 서점주 첸샤오화钱小华는 "이 색이 너무 좋아요. 녹슨 게 더 마음에 드네요. 사람의 일생도 이와 같습니다"라고 귀띔한다. 우타이산 본점에 출근하는 직원들은 모두 세월의 모진 풍파를 견뎌온 한 사람의 인생을 닮은 철문을 통과하면서 하루를 시작한다. 이는 벙커를 활용하는 도시재생의 시도가 서점과 만나면서 문화재생으로 이어진 성공 사례라 할 수 있다. 이로써 우타이산 본점은 자기만의 고유한 이야기를 갖게 되었다.

이방인의 안식처, 셴펑서점

"셴펑서점을 찾는 모든 이들이 이방인입니다."
해외 유명 언론들이 세계 최고의 서점으로 꼽은 셴펑에서 무엇보다 특별한 건 서점에 담긴 철학이다. 서점 내부에 '대지의 이방인大地上的异乡者, The Stranger on the Earth'이라고 적힌 문구가 강렬하게 다가온다. 첸샤오화가 내건 모토는 오스트리아의 시인 게오르크 트라클Georg Trakl, 1887-1914의 시 한 구절에서 가져왔다. "그 고귀한 영혼의 꽃, 정신은 대지 위에 불타오르며 태어납니다. 정신적인 영혼의 고향, 대지와 함께 뒤엉킵니다." 트라클의 위대한 통찰력을 흠모한 첸샤오화는 이 구절을 서점에 오는 모든 이에게 선물로 드리고자 마음먹었다. 그가 떠올린 것은 갈 곳 없는 이방인들에게 고향이자 집이 되는 서점이었을 것이다. "저는 난징에 온 외지인입니다. 서점에 온 독자들, 난징에 공부하러 온 학생들도 외지인이고, 서점의 저 많은 책의 저자들도 세계 곳곳에서 온

• 셴펑 우타이산 본점은 단순히 책을 파는 서점으로만 기능하지 않는다. 공공도서관처럼 앉아서 독서에 빠져들 수 있다. 서점 방문객들이 아날로그 방식의 소통에 참여하길 원한다면 직접 엽서를 쓰고 남길 수 있으며, 우체통에 넣으면 배달이 된다.

외지인입니다. 지금은 셴펑이라는 지혜의 미로 속에서 생활하고 있지만 우리 모두는 타향을 떠도는 느낌으로 살아갑니다." 즉 셴펑은 마음이 지치고 힘든 사람들에게 위로와 소통의 공간이 되기를 희망한다. 셴펑은 대지의 이방인들을 기다리고 있다. 사람은 누구나 이방인이고, 다양한 지식을 배우며 살아가기 마련이다. 마음껏 독서를 즐기고 문화를 향유할 수 있는 이곳, 셴펑이야말로 그들 마음속의 고향이다.

방공호를 리모델링한 우타이산 본점은 매장의 독특한 구조가 인상적이다. 문을 들어서자마자 오귀스트 로댕Auguste Rodin, 1840-1917의 유명한 조각 <생각하는 사람>이 전 세계에서 모여든 이방인을 반긴다. 옆으로 돌아서 위로 향하면 예술가들의 다양한 얼굴(사진)이 눈에 들어온다. 마치 언덕을 오르듯 오르막길을 다 함께 오른다. 본격적으로 서가로 들어가기 전, 마치 통과의례나 마음의 준비를 거치듯 책으로 다가가기 위한 시간이 필요하다는 점에서 일반 서점과 다른 경험을 선사한다. 책을 진열해놓은 매대와 좌우 벽과 천장에 붙여놓은 문학가, 철학가, 사상가 등의 사진들은 이곳을 처음 방문하는 이들의 마음을 빼앗기에 충분하다. 누구나 존경할 만한 위대한 예술가들이 셴펑 안에 자리 잡고 있다가 우리에게 말을 건네는 듯한 착각에 빠질 만하다. 오르막길을 오르고 나서 슬쩍 뒤돌아보면 아래 커다란 십자가가 한눈에 들어온다. 십자가의 빛이 셴펑을 방문하는 이들에게 쏟아지고 있다. 첸샤오화의 표현을 빌리자면 오르막길은 사람을 좋은 길로, 내리막길은 착한 길로 인도한다. 서점에 들어선 사람이라면 누구나 피할 수 없는 이 십자가는 인간의 선한 의지에 대한 믿음이라고 한다. 그래서인지 셴펑의 십자가는 종교와 무관하게 많은 중국인들로부터 폭넓은 사랑을 받고 있다.

이 서점의 중앙은 책을 판매하는 곳이 아니라 공공도서관 같은 분위기를 자아낸다. 마치 이 도시를 품에 안은 거실처럼 많은 사람이 편안하게 앉아서 책을 본다. 놀랍게도 모두가 책을 볼 수 있도록 300개의 의자를 제공하고 있다. 어떤 대형 서점에 가도 300개의 의자가 있는 공간을 만나는 것은 불가능하다. 셴펑은 책 판매에 집착하는 것이 아니라 우선 사람들에게 읽을 공간을 제공한다. 사람을 중요하게 생각하는 센펑의 정신은 이런 배려에서 시작된다. 이것이 바로 센펑이 가지고 있는 인문 이념과 공공의 인문 정신이다. 그들이 추구하는 가치를 책을 읽는 다양한 사람들의 모습에서 엿볼 수 있다. 더욱이 독서를 돕기 위해 준비한 독서대도 있다. 사람들이 언제든지 자유롭게 방문해 각자 지식의 바다에 빠질 수 있도록 제공하는 것이다. "어떤 이들은 빵을 가지고 와서 여기서 지내면서 하루 종일 조금씩 빵을 떼어 먹습니다. 바로 이런 부분이 저에게 제일 감동을 줍니다"라고 고백하는 첸샤오화의 신념은 분명하다. 센펑에 오는 모든 사람은 존중받아야 한다.

센펑, 시와 철학의 천국

"시詩는 한 시대를 대표합니다. 시는 이 시대를 비추는 한 줄기의 빛과 같아요. 한 사람의 정신을 나타내기도 하죠." 첸샤오화의 말대로, 센펑서점은 무엇보다 시로 가득 찬 공간이다. 전 세계의 작가, 시인, 예술가들이 이곳에 모여 열띤 토론을 한다. 다른 서점에서는 보기 드문 일이지만 이곳에서는 일상에 가깝다. 첸샤오화는 "저희는 서점의 힘을 믿어요. 책과 시야말로 평화의 무기라 생각합니다"라고 밝혔다. 중국 전역에 18개의 매장을 운영하는 센펑은 중국 최초로 시 전문 코너를 둔, 가장 많은 시집을 보유한 서점이다. 시야말로 시대의 등불이고, 정신의 좌표가 된다. 센펑의 독자들 역시 서점이 단순히 책만 사고파는 곳이라고 생각하지는 않는다. '어떻게 삶을 대할 것인가'에 대한 답을 스스로 찾을 수 있는 사색의 공간이 서점이다. 그래서 '독자의 품격을 높일 수 없으면 불합격'이란 말은 센펑의 핵심 철학이기도 하다. 센펑준혜서옥 점장인 양여쥔杨茹君의 말대로, "시는 센펑의 정신을 담고 있어요. 사람의 눈이 없으면 못 보고, 귀가 없으면 듣지를 못하듯이, 시는 센펑에 없어서는 안 될 존재"라는 것이 명확하다. 누구나 자유롭게 책을 볼 수 있는 공간. 독자의 손에서 시집이 펼쳐지는 순간 서점은 시의 집이 되고, 도시의 거실이 된다.

● 시가음악회, 낭독회 등을 비롯한 다양한 문화 활동을 개최하고 있다. 시를 사랑하는 사람들이 모이기 때문에 작가와 시인이 스타 뮤지션만큼 주목을 받는다. 시가 시대의 등불이라는 사실을 셴펑서점에서 확인할 수 있다.

    놀랍게도 셴펑서점은 매년 400회 정도의 문화 활동을 개최한다. 서점의 공공성에 동참하는 지식인들이 셴펑의 프로그램을 주도적으로 이끌고 있다. 영화, 인문, 문학, 예술 등 다양한 영역에서 대표적인 인물들이 프로그램에 참여한다. 공공의 지식인들이 셴펑을 방문하고, 많은 사람이 그들의 정신이나 사상의 원대함을 영유할 수 있도록 한다. 작게는 100명부터 많게는 1만 명이 참여한다. 셴펑서점 전체에서 일주일에 6~7회 정도 정도 프로그램을 진행한다. 문화예술에 이바지하는 문화센터나 교육기관 등이 해야 할 일을 셴펑이 맡고 있는 셈이다. 강연, 낭독회, 공연 등 특별한 활동이 있는 날에는 여기에 참석하려는 독자들이 모여들어 백화점의 할인행사를 방불케 하는 긴 줄이 이어진다. 서점이 문을 열면 바닥에 자리 잡고 끼니를 해결하는 사람까지 있을 정도다. 열혈 독자들이 굶어도 좋다면서 이구동성으로 셴펑에서 만나길 원하는 사람이 있다. '회답回答'이란 시로 중국 젊은이들의 마음을 사로잡은 베이다오北島가

주인공이다. 홍콩중문대학 교수로 본명은 자오전카이趙振開. 1992년 노벨문학상 후보에 올랐으며 중국 지식인의 양심으로 칭송받는다. 1949년 베이징에서 태어난 그는 대약진운동大躍進運動과 문화대혁명文化大革命으로 점철된 유년기를 보냈다. 그의 유년 시절 추억은 자전적 에세이 <베이징, 내 유년의 빛城門開>(한길사 출판)에 생생히 담겨 있다. 1989년 중국 민주화 운동의 상징인 웨이징성魏京生의 석방 운동에 참여한 후 이국을 유랑했다. 이후 유럽과 미국의 여러 대학에서 강의하다 2007년경부터 홍콩에 머물고 있다. 20여 년을 해외에서 떠돌았던 그는 중국 문단이 뽑은 '현존하는 최고의 시인'이기도 하다.

"내일을 아는 이는 없다.(当然, 谁也不知道明天) / 아침 해가 밝아오면 우리는 깊은 잠에 빠진다.(明天从另一个早晨开始, 那时我们将沉沉睡去)"

자신의 고향에서 이방인이 되었던 시인은 기꺼이 이방인을 품에 안는 센펑을 방문해 팬들의 환호를 받으며 시를 낭송하기도 한다. 시인이 콘서트장의 가수만큼이나 주목받는 일은 센펑에서 드문 일이 아니다. 시인, 가수 등이 매주 초청되는 행사가 쉬지 않고 열린다. 철저히 고객 입장에서 생각하는 센펑의 프로그램은 공공의 관심과 공공의 정신이 깃든 현장을 만들어내기에 열광적인 지지를 받는다. 이런 다양한 문화 프로그램의 진행은 센펑의 '인문학적 포용'을 대변한다.

센펑, 난징 시민들의 일상을 바꾸다

오늘날의 센펑서점을 만든 것은 충성도 높은 고객들이다. 비교적 문화 소양이 높은 대학생이나 교수가 많다. 그들에게 서점은 하나의 무대이자, 스스로 주인공이 될 수 있는 공간이다. 학생들 역시 이곳을 선호한다. 센펑은 전통적인 서점의 기능에 머물러 있지 않다. 이곳을 찾는 학생들에게는 앉아서 쉴 수 있는 안식처이자 숙제도 할 수 있는 공간이다. 친구들과 같이 앉아서 숙제를 하거나 책에 깊게 몰입해 있는 학생들을 쉽게 만날 수 있다. 보통의 서점이 시끄러운 반면, 셴펑에서는 사람들이 모두 조용히 하며 다른 사람의 독서를 방해하지 않는다. 그래서 책의 향기를 더 깊게 느낄 수 있다는 점에서 셴펑은 중국의 여느 서점과 다르다고 강조한다.

    셴펑은 난징 시민이 일하고 생활하는 곳 이외의 제3의 공간으로 그들 곁을 지키고 있다. 난징의 시민들은 셴펑에 책을 읽거나 사러 오는 것만이 아니다. 잠시 여유 시간이 생기거나 퇴근 후에 습관처럼 방문하는 일상적인 공간이자 때로는 지인과의 만남의 장소로 기능하기도 한다. "지금 셴펑에 가는 길이야, 셴펑에서 차 마시고 있을 거야" 식으로 입버릇처럼 말하는 사람들을 쉽게 만날 수 있다. 이런 대화가 곧 셴펑에 대한 해석이자 깊은 신뢰를 보여준다. 즉 셴펑이 독자들 마음속에 어떤 위치를 차지하고 있는지 설명해준다.

    왜 난징 사람들은 셴펑을 선호할까? 셴펑은 무엇보다 소비자의 감성을 잘 이해하고 있다. 셴펑은 하나의 서점일 뿐만 아니라 생활의 미학과 생활 방식을 창조해내고 시대의 유행을 이끌어가며 사람들의 독서 취향을 선도하는 곳이다. 즉 셴펑은 난징 시민의 라이프스타일을 바꾸어놓는 마법의 공간이다. "도시는 생활 리듬이 빨라요. 스트레스도 많죠. 그럴수록 치유할 수 있는 공간이 필요한데 셴펑이 바로 그런 곳"이라고 주잉춘朱贏椿 북디자이너는 말한다. 안락한 독서 공간은 독자들이 더 쉽게, 더 많은 책을 만날 수 있도록 기능한다. 이곳을 찾는 고객들은, 셴펑은 사람들이 책을 읽고 싶게끔 디자인되어 있다는 것을 최고의 장점으로 꼽는다. 아무리 사람이 많아도 혼자 여기 앉아 있으면 마음을 가라앉히고 책을 읽을 수 있다고 말한다. 주잉춘은 셴펑만이 간직한 독서 친화적인 공간의 느낌을 최대한 살리고자 공간예술, 진열 방식, 독자의 체험 등 여러 요소를 고려해 많은 시도를 하고 있다.

    셴펑은 신세대와의 교감을 게을리하지 않는다. 셴펑에서 사진 찍는 모습을 보는 것은 너무나 흔한 일이다. 휴대폰으로 사진을 찍는 명소 중 하나이기 때문이다. 독자들에게 생활의 미학을 제공하고, 새로운 라이프스타일을 제안하는 이른바 '셴펑 스타일'을 사진으로 기록하려고 한다. 결혼이라는 새로운 출발선에 선 신혼부부의 웨딩 촬영 명소이자 유행에 민감한 이들에게는 인생 컷 명소로 유명하다. 추억과 오늘의 이야기가 공존하는 서점답게 센펑에는 엽서 같은 소통 방식이 존재한다. 온라인 세상에는 없는 아날로그 방식의 소통 역시 중요하다. 센펑에서 직접 손으로 엽서를 쓰는 것에 의미를 찾는 이들도 적지 않다. 손님들이 엽서를 남기는 곳과 우체통이 마련되어 있다. 대체로 서점에 대한 애정이나 친구에 대한 그리움을 담은 글이 많다. 그리움을 담은 엽서를 통해 서로의 마음이 전달된다. 단순한 복고풍 트렌드가 아니라 마음을 전하는 매체로 존재한다는 점에서 도시의 시간이 정지된 기분을 불러일으킨다.

센펑 안에 위치한 카페도 일반 카페에서 볼 수 없는 전 세계의 풍경을 품고 있다. 잘 살펴보면 센펑의 탄생을 이끌었던 기록이 남아 있다. 첸샤오화가 세계 곳곳의 서점을 탐방했던 사진이고, 그가 만난 서점 주인과 함께했던 기록들이다. 해외 유명 서점의 주인 사진이 100여 점 걸려 있다. 첸이 직접 25여 개 나라를 돌며 만난 서점주들이다. 비록 많은 사람이 가보지 못한 서점이지만 이 카페에서 각 서점의 영혼을 만날 수 있기를 희망하고 있다. 세계 서점 기행에서 만난 사람들과 이때 수집한 3000여 권의 책은 발상의 전환을 가져다주었다. 서점은 단지 책을 사고파는 곳이 아니라 철학을 나누는 곳이라는 것이다. 그는 몇천 권의 외국 서적을 무료로 읽을 수 있도록 배치했다. 외국에서 가져온 책들을 통해 센펑의 공공성을 전 세계로 확대하고 있는 셈이다.

지인이나 사랑하는 이에게 선물을 하고 싶다면, 굳이 선물가게를 찾을 필요가 없다. 센펑에서 가장 핫한 코너인 '망쉔盲选'을 구입하는 것으로 충분하다. 망쉔은 일종의 '랜덤박스'로 독자들에게 미지의 세계가 펼쳐진다. 주문을 받지 않은 상태에서 센펑에서 엄선한 책들을 임의로 박스에 포장해 판매하는 것이다. 즉 어떤 책이 들어 있는지 손님들은 모르는 비밀상자. 다른 서점에서는 본 적이 없는 이벤트라 독자들에게 신기하다는 반응을 즉각 일으키고, 일종의 설렘을 주기에 충분하다. "일종의 탐험이죠. 안에 어떤 책이 들어 있을지 궁금해요"라는 식의 반응이 자주 나온다. 주로 젊은 층에서 선호하는 망쉔은 선물용으로 꽤 인기 있다. 내용물을 알 수 없는 망쉔은 독자들에게 보내는 센펑의 프러포즈이기도 하다.

• 책과 서점을 통해 향촌 진흥 프로젝트를 진행하고 있는 첸샤오화는 틈틈이 새 서점을 열 장소를 물색한다.

셴펑의 아버지, 첸샤오화의 고군분투

서점주이자 창업주인 첸샤오화는 셴펑의 살아 있는 역사다. 빈손으로 시작해 20여 년 만에 오늘의 성공을 일구었다. 넘어져도 다시 일어나는 오뚝이 같은 인생이 만든 셴펑의 심장은 바로 그의 집무실인 셴펑시인의 집先鋒诗人之家이다. 직원들의 업무 공간 끝에 자리 잡은 첸의 집무실은 낡고 오래된 가구들로 채워져 있다. 그가 직접 고른 이 물건들은 초심을 잃지 않으려는 굳은 의지를 상징한다. "1960~70년대 가구예요. 이것들로 저만의 공간을 만들었죠. 이 책상에 앉아 있으면 초등학생 시절로 돌아간 느낌입니다. 공부하는 제 모습이 떠오르면서 영원히 초등학생으로 남아 있을 수 있을 것 같아요." 시인의 집은 서점의 역사와 첸샤오화의 이상을 보여주는 곳이다. 더불어 시인의 집은 생각을 공유하는 장소다. 개방된 곳으로, 서점에서 일하는 직원들을 위해 쉬는 공간을 마련해준 것이다. 70년의 역사를 지닌 배의 갑판을 통째로 뜯어서 만들다 보니, 바닥에 구멍이 존재한다. 우타이산 본점에 방공호나 주차장으로 활용되었던 흔적이 남아 있는 것처럼 이곳에는 어민들의 역사와 이야기가 그대로 전해진다. 시인의 집 한쪽 벽면을 가득 채운 사진은 그가 전국을 돌며 직접 찍은 중국의 얼굴들이다. 손바닥만 한 책방에서 출발한 지 20여 년. 사진 속 얼굴들은 '인문학의 이상향'을 향한 항해를 계속할 수 있게 만드는 힘의 원천이 되었다.

첸샤오화는 서점 창업이 어린 시절부터 꿈이었다. 그는 근시 때문에 칠판의 글씨가 보이지 않아 중학교를 중퇴했다. 그러던 어느 날 집에서 책을 보다 너무 몰입한 나머지 모기장을 태울 뻔했다. 그 일로 어머니가 어린 첸샤오화를 집에서 쫓아냈다. 큰아버지 댁에 얹혀살게 된 그는 책장을 두 개 짰다. 그때부터 책을 사서 모으기를 좋아했으며 서점을 여는 꿈을 갖게 됐다. 자신을 위해, 또 많은 사람들을 위해 책을 읽을 수 있는 공간을 만들고 싶었다.

맨발의 청춘이었던 첸샤오화가 1996년에 처음 서점을 연 곳은 문짝도 없는 허름한 월세 가게였다. 차茶를 팔기 위해 타향을 떠돌다가 생계가 막연해진 청년은 난징의

* 폐허가 된 향촌에 사람들을 불러 모을 방법을 연구하는 첸샤오화는 어디에서도 볼 수 없는 아주 특별한 서점을 짓고 싶어 한다. 그는 향촌 서점지를 보러 가는 길에 시장 등에서 현지 주민들과 격없이 어울리는 것을 좋아한다.

크고 작은 골목길을 뒤진 끝에 타이핑난루太平南路에 17제곱미터 서점을 열고 그 이름을
셴펑이라 지었다. 먼저 셴펑서점을 어떤 콘셉트로 차별화할지 고민했다. 기존 서점들과
경쟁하는 것은 불가능했고, 시장경제의 충격 속에 유명 고서적 서점도 풍전등화의
위기를 맞이하고 있는 실정이었다. 우선은 셴펑서점의 지리적 위치가 외진 곳이었다.
난징성 남쪽은 대학이 적고 책 읽는 사람도 적어 주민들의 교양 수준이 상대적으로
낮았다. 더욱이 서점의 면적이 너무 작았다. 책꽂이가 열몇 개밖에 없어서 책 종류가
많지 않아 독자들에게 선택의 여지가 없었다. 반면 몇 곳의 서점은 난징 독자들에게
인지도가 높아서 그 토대가 견고했다. 만약 다른 서점들과 같은 종류의 책으로
경영한다면 셴펑서점이 다크호스로 떠오를 수 없었다. 새 길을 개척해야만 생존의 길을
찾을 수 있다는 신념으로, 셴펑은 출판사의 재고 도서에 경영의 초점을 맞췄다.
셴펑은 거의 모든 출판사에서 인문사회과학에 관련된 책을 끌어모았다. 출판사들이
난징으로 컨테이너 박스를 한 번에 여러 개씩 보냈다. 서점은 이 때문에 조금씩
유명세를 얻었다. 주변 지역의 서점들도 와서 재고 도서를 사 갔다. 서점은 책 읽는
사람들이 모이는 중심이 되어갔고 자연스럽게 작가, 학자, 시인 등의 인문학자들이
먼저 들르는 곳이 되었다.

   늦은 밤, 타이핑난루에는 첸샤오화의 서점만이 불이 켜져 있었다. 손님을
한 명이라도 더 받고 싶은 마음이었고, 먹고살기 위해 어쩔 수 없는 일이었다.
첸샤오화에게 이 소중한 첫 서점은 종교처럼 숭고한 체험을 주기도 했다. 타이핑난루
서점의 대각선 맞은편에 성바오로 성당이 있었다. 매주 주말이면 많은 신도들이
기도를 하러 왔다. 성가대의 합창이 교회 안에서 흘러나왔고 그 노래를 들으면 마음이
편안해졌다. 그해 크리스마스이브의 광경은 그에게 잊을 수 없는 기억을 남겼다.
성바오로 성당 문 앞에 수천 명이 운집했다. 교회의 직원들은 문 밖의 인산인해를
보더니 사고가 날까 감히 문을 열지 못했다. 밤 12시에도 사람들은 흩어지지 않았다.
신도들은 셴펑서점 안까지 밀려 들어왔다. 사람들의 손길이 끝없이 서가의 책들과 함께
춤을 추었다. 첸샤오화는 위아래로 책을 찾는 사람들의 광경을 보며 감동했다. 그 순간

* 1996년 타이핑난루의 허름하고 작은 가게에서 셴펑서점을 시작했다. 곧 서점은 몇십 미터 떨어진 골목길 어귀로 옮겨 갔고, 트럭이 돌진하는 사고로 손실을 입기도 했다. 첸샤오화는 타이핑난루에서 셴펑의 미래를 그렸다.

서점이 또 하나의 정신적인 교회로 변한 듯했다. 많은 사람이 교회를 오가면서 센펑이 알려지기도 했다. 하지만 1년도 채우지 못하고 서점은 철거 때문에 마부가 9호의 한 주택 건물 안으로 옮기게 되었다. 이전의 10여 개 남짓한 책꽂이도 다 놓지 못할 정도였고, 독자들이 책의 위치를 쉽게 찾지 못해서 장사가 안 되었다.

    1999년, 센펑서점은 광저우루 79호, 아동병원 옆으로 이전해 광저우루 난징대점广州路南大店을 세웠다. 이때가 바로 센펑의 전환기였다. 2001년, 광저우루 12호 2층으로 이전하면서 면적이 약 600제곱미터 정도로 대폭 넓어졌다. '난징대 제2도서관'의 별명은 여기서 시작되었다. 하지만 첸의 젊은 시절은 시련의 연속이었다. 첫 실패가 기다리고 있었다. 2003년 5월, 전 국민이 사스SARS, 중증급성호흡기증후군와 싸우던 급박한 시기에 센펑서점 푸즈먀오夫子庙점이 조용히 문을 열었다. 길이 160미터, 폭 10미터의 '선봉대도, 열독광장先锋大道, 阅读广场'이란 표어를 내건 푸즈먀오점은 중국에서 가장 기다란 서점이었다. 서점의 내부 디자인도 이색적이고 독자적인 모습을 갖추고 있었다. 서점은 흑백 두 가지 컬러로 '대지, 이방인, 정신大地, 异乡, 精神'의 주제를 표현하도록 인테리어 설계를 잡았다. 첸의 모토처럼 이상과 포부는 컸으나 사스 창궐과 서점 주변의 부패한 문화, 편견 등이 그의 발목을 잡았다. 원래 상가였던 지하의 서점 매장은 '대도'라는 말에 어울릴 정도로 길었지만, 정작 고객은 별로 없었고 대부분 지나가는 여행객들이었다. 푸즈먀오 지역은 독서 분위기와 거리가 멀었다. 많은 사람들이 슬리퍼를 신고 서점을 돌아다녔다. 그들에게 센펑의 '대도'는 그저 지나다니는 길일 뿐이었다. 푸즈먀오점의 결과는 재난과 같았다. 첸을 기진맥진하게 만들고 고통으로 내몰았다. 막대한 대가를 지불한 채 영업 2년 만에 정리했다. 그는 "손으로 가릴 수 없이 눈물이 흘러내렸다. 난징이 전부 잠겨버리도록 울고 싶었다"고 고백한다. 푸즈먀오점 계약을 해지한 후 택시를 타고 돌아오는 길에 폭풍우가 쏟아졌다. 개업 8년 만에 엄청난 빚만 지고 자살까지 결심한 첸샤오화. 그런 그의 마음을 되돌린 건 택시기사의 한마디였다. "당신은 인정 많고 착한 사람 같아요. 천천히 운전할 테니, 실컷 울어요." 그 한마디에 첸의 마음이 요동쳤다. 이 정도 실패로 죽을 결심을 한 자신이 못나 보였다. 너무 억울해서 눈물만 계속 흘렸다. 첸샤오화는 다시 일어설 용기를 냈다. 거침없이 앞으로 나아간다는, '셴펑'이란 이름에 걸맞은 서점을 만들자고 결심했다.

"사람은 끊임없이 불타오르는 신념이다. 열정은 영원히 막을 내리지 않을 것"이라고 스스로 외치며 절치부심한 그는 <셴펑서점, 1996년 태어나다>에서 "사람의 인생 가운데 진정한 이상은 실현되기 어렵습니다. 이상은 수많은 시간을 고통과 시련에 몸부림치는 경험이 쌓여야만 생기는 것입니다. 책은 천지보다 크고, 푸른 바다는 인생과 같습니다. 진심으로 그것과 일체가 되어 싸울 이상이 존재한다면 이기적으로 몸부림칠지라도, 다른 사람의 비방을 들을지라도, 생명이 다 소진하는 그 순간까지 우리의 전투를 계속해나가야 합니다. 자신의 이념에 따른 인문 세계를 이루는 것, 진짜 계몽 정신을 기초로 한 신세계를 건설하는 것, 그것이 바로 우리가 쟁취하려는 이상이며 창업 정신입니다"라고 밝힌 바 있다. 수차례 실패를 기회로 바꾼 첸샤오화는 변함없이 더 좋은 서점을 만들기 위해 노력하고 있다.

공존의 시대, 셴펑의 경영 철학

첸샤오화가 과거 서점의 실패를 통해 배운 건 돈이 아닌 사람을 남겨야 한다는 것이다. 직원들을 경영의 동반자로 생각하는 것도 그 때문이다. "지금은 고용의 시대가 아닌 공존의 시대입니다. 고용의 시대는 끝났죠. 서점을 창업 인큐베이터라 생각하고 직원의 아이디어를 존중해야 합니다. 모든 직원이 서점의 주인입니다. 모두에게 경영권, 분배권, 채용권이 있어야 합니다." 모든 직원이 서점주라는 생각. 수평적인 조직문화를 가진 셴펑은 중국의 청년들에게 매우 인기가 높은 일터일 수밖에 없다. 직원들은 셴펑을 단순한 일터라고 생각하지 않는다. 자연스럽게 셴펑에 대한 경의와 동경심을 품고 있다. 셴펑 직원은 강한 응집력과 더불어 하나의 가치관을 보유하고 있다. 한마음,

* 한 달에 한 번 있는 조회 시간에는 센펑서점의 전 직원이 참여한다. 수평적인 조직문화를 중요시하는 첸샤오화는 조회가 끝나고 직원들과 함께 사진 찍는 것을 즐긴다. 그에게 센펑서점의 직원들은 친구이자 가족이다.

한뜻으로 모두가 함께 운영하는 회사. 이것은 성공하는 조직의 필수요건이기도 하다. 비교적 젊은 나이에 우타이산 본점 점장이 된 장뤼펑张瑞峰은 "센펑이 그만큼 젊음, 기여, 창조, 참여를 강조한다는 의미예요. 이것이 바로 센펑의 핵심 가치"라고 얘기한다.

서점 경영을 위해서는 먼저 직원을 소중하게 대해야 한다. 직원을 푸대접하는 것은 사장이 자기 스스로를 푸대접하는 것과 같다. 직원이 먼저고 기업은 두 번째다. 이것이 첸샤오화의 신념이다. 25년이 된 센펑서점의 핵심 경쟁력은 직원들의 노동력과 창조적인 센펑의 문화라고 말할 수 있다. "직원이 오늘날의 센펑서점을 창조했죠. 그래서 자신의 직원을 사랑하는 것은 자신의 눈을 사랑하는 것과 같습니다. 그들을 아껴야 합니다. 우리는 자주경영 기업 시대에 살고 있고, 서점도 혁신을 해야 합니다. 바로 모든 서점에서 직원을 주인으로 대하고, 직원들로 하여금 센펑서점 역사의 무대로 올라가게 하며, 우리가 개혁한 결과를 함께 누리죠. 센펑서점은 나만의 것이 아닙니다. 센펑서점은 모두의 것입니다. 그래서 그들에게 전문적으로 창업하게 하고, 자주적으로 창업하도록 합니다." 센펑 직원들은 매 분기에 보너스를 받을 뿐만 아니라 연 순이익의 30퍼센트를 모든 직원과 나눈다. 여기서 사장은 한 가지 일만 한다. 그것은 바로 직원들이 창조해낸 역량을 모두와 함께 나누는 것이다. 그에게 직원들은 또 하나의 가족이다. 덕분에 센펑의 직원들은 자신의 능력을 마음껏 발휘할 수 있다.

• 총통부민국서원은 고풍스러운 정자, 호수와 어우러져 장난(江南) 양식의 건축미를 뽐낸다.

센펑, 분점과 함께 성장하다

난징에서 만날 수 있는 것은 센펑의 우타이산 본점만이 아니다. 난징의 중요한 역사적 유적에 센펑의 분점들이 존재하고 있다. 난징의 숨결이 담긴 공간에 각양각색의 분점이 위치해 있으며, 난징을 여행하는 것은 곧 센펑의 발자취를 쫓는 일이다. 난징에서 센펑서점이 운영하고 있는 공간을 차례로 찾아가는 것도 어디서도 누릴 수 없는 문화여행이 될 수 있다.

　　센펑은 중화민국 임시대총통 쑨원孫文, 1866-1925과 총통부 공간이 담고 있는 스토리에도 귀를 기울인다. 신해혁명辛亥革命의 무대이자, 한때 국민당의 수도였던 난징에는 드라마틱했던 중국 근대사의 주요 유적들이 그대로 보존되어 있다. 센펑서점의 분점인 총통부민국서원总统府民国书院이 2012년 9월, 옛 국민당 총통부 안에 입주한 것도 그런 이유에서다. 중국 근대사의 한 장을 장식했던 총통부 건물은 오래된 것과 새로운 것, 전통과 현대의 조화를 추구하는 센펑의 철학을 다시 한번 확인할 수 있는 곳이다. 총통부 마케팅 부장 쑨리에孙越는 센펑이라는 문화 브랜드가 총통부에 입주한 것은 큰 의미가 있다고 평가한다. "총통부라는 공간 속에서 서점은 문화적이며 역사적 분위기를 띠게 되고, 젊은이들이 즐겨 찾는 여행지이기 때문에 문화와 역사에 관심을 두도록 유도할 수 있죠." 실제로 센펑서점이 운영된 후 많은 사람이 서점의 영향력으로 총통부를 방문했다. 이제 총통부를 방문해 센펑서점이 어디에 있는지 물어보는 일은 이미 흔한 일이 되었다. 전통과 활력이 공존하는 문화관광지 총통부에서 센펑은 빼놓을 수 없는 존재감을 자랑한다. 이곳의 특수성 때문에 아무래도 총통부와 관련된 책들이 서점을 차지하고 있다. 센펑의 다른 분점에 비해서 역사에 관한 책이 더 많다. 관광지답게 문화창의산업 상품이 많이 팔리는 편이고, 도서는 역사에 관한 지식이 필요한 관광객들이 많이 구입한다. 호수와 함께 어우러진 서점은 센펑 마니아들 사이에서도 아름답다고 손꼽히는 곳이다. 도심 한복판에 위치한 총통부에는 600여 년의 시간이 공존하고 있다. 한 잔의 차를 마시며 햇살이 가득

總統府民國書院

總統府民國書院

• 시로 가득한 시인의 천국 영풍시사에는 센평의 정신을 상징하는 책장이 독자들을 맞이한다.

● 중산릉에 위치한 영풍시사는 시를 테마로 한 서점답게 시인의 방이 각양각색으로 존재한다. 네루다, 보르헤스, 푸시킨 등의 방에서 그들이 남긴 유산과 함께 시의 감흥에 빠져들 수 있다.

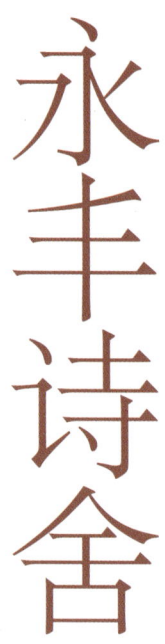

BACK TO THE BOOKS

쏟아지는 창가에서 읽는 한 권의 책은 무엇과도 바꿀 수 없는 소중한 선물이다. 쑨원과 관료들이 차를 즐기던 우아하고 고풍스러운 총통부 누각에서 책을 사랑하는 독자들과 여행객들은 자신의 독서 취향을 새롭게 발견할 수 있다. 역사와 책이 있는 이곳의 일상은 향기로운 시가 된다고 해도 과언이 아니다.

또한 중국 혁명의 선도자이자 정치가인 쑨원이 잠들어 있는 중산릉中山陵 안에 2014년 9월, 셴펑서점 분점 영풍시사永丰诗舍가 문을 열었다. 서점의 전체적인 분위기는 중국 고전 능원陵园의 모습으로 유럽 인테리어 스타일과 절묘하게 조화를 이루고 있다. 영풍시사는 시를 위주로 만든 서점이다. 이곳은 1000여 종의 도서를 고객에게 제공한다. 시를 좋아하는 고객들이 선택할 수 있도록 다양한 국내외 현대 시집이 비치되어 있다. 600여 종의 문화 관련 상품을 팔고 있어서 고객들에게 책 이외의 상품도 많이 제공한다. 고객들이 편하게 쉴 수 있는 카페의 아늑함과 고요함도 좋지만, 특히 각광받는 곳은 세계에서 가장 유명한 시인 4명의 서재를 재현한 '시인의 방'이다. 1971년 노벨문학상을 받은 칠레의 시인 파블로 네루다Pablo Neruda, 1904-1973, 아르헨티나 국립도서관장으로 유명한 환상문학의 대가 호르헤 루이스 보르헤스Jorge Luis Borges, 1899-1986, 러시아의 시인 알렉산드르 푸시킨Aleksandr Pushkin, 1799-1837과 마리나 츠베타예바Marina Tsvetaeva, 1892-1941의 방이 있다. 시인의 방은 긴 복도를 따라 이어지고, 진열된 서재나 그들이 생활했던 스타일은 독자들이 시와 좀 더 가까워질 수 있게 돕는 장치로 기능한다. 독자들이 이런 체험을 통해 시를 더 이해하기 위한 발판이 된다. 이런 방들은 고객에게 차 마시기나 책 읽기를 제고하게 만든다. 영풍시사는 4개의 방에서 시 낭송회나 독서회를 조직하고 있다. 난징 출신의 유명 작가와 시인도 자주 방문한다고 하니, 어느 날 이곳에 왔다가 시인들과 함께 차를 마시며 시를 읊는 행운을 누릴 수 있지 않을까.

중국 근세 후기, 명청시대에 번성했던 옛 거리 라오먼동은 늘 인파가 북적이는 곳이다. 셴펑서점 분점 준혜서옥骏惠书屋은 2016년 9월에 문을 열면서 법고창신法古創新, 옛것을 본받아 새롭게 한다는 셴펑의 정신으로 라오먼동 거리를 밝히고 있다.

- 준혜서옥은 난징과 안후이성 문화를 포용하고 있는 곳이다. 선비들의 숙소가 서점으로 다시 태어났으며, 전통 건축물의 원형을 그대로 유지해 예술적 정취를 느낄 수 있는 것이 특징이다.

준혜서옥은 과거시험을 보기 위해 온 안후이성安徽省 선비들의 숙소를 서점으로 개조한 곳이다. 옛사람들의 문화와 풍습을 보여주는 주요 구조물의 원형을 보존한 것이 특징이다. 햇살이 들어오는 천장도 예전 그대로 보존되어 있다. 서점은 옛 구조물을 최대한 활용하고 있다. 전통 건축물의 장점을 유지하되 현대 독자들의 동선과 편의를 배려하는 방식이다. 이곳에서는 고전문화나 예술 방면의 책들이 다른 분점에 비해 인기가 높은 편이다. 준혜서옥 주관을 담당했던 쉬광천許黃缙은 "방문하는 사람마다 서점의 아름다움에 감탄을 금치 못합니다. 서점은 현지 문화와 안후이성의 문화를 함께 담고 있습니다. 세 가지 문화가 융합된 곳이죠. 센펑 문화, 난징 문화 그리고 안후이성 문화입니다"라고 설명한다. 안후이성 문화의 큰 특징 중 하나는 섬세하고 화려한 문양의 목각 공예. 서점 내부에는 옛 중국인들의 일상이 정교한 목각으로 재현되어 있다. 빼어난 솜씨를 가진 옛 장인의 숨결이 생생하게 느껴진다. 과거시험을 준비하던 선비들이 있던 자리는 지금 21세기 지식유목인들이 대신하고 있다.

센펑, 이상의 날개를 펼치다

센펑서점은 학교 부근에 서점을 열 뿐만 아니라 여행 관광지나 역사 문화재 주변에서도 서점을 열었고, 지금은 농촌에 서점을 열며 계속 센펑의 이상을 추구하고 있다. 사랑이 더 필요한 곳에 가져다준다. 센펑서점의 운명은 중국 향촌의 운명과 밀접한 연관이 있다. 센펑서점이 앞으로 나아가야 할 방향은 문화를 더 많은 사람들과 나누는 것이다. 모든 사람은 문화를 향유할 수 있는 권리가 있기 때문이다.

  자동차로는 산허리까지만 들어갈 수 있는 산골 오지. 산 높고, 골도 깊은 이곳은 곡식 농사가 잘 안 되는 척박한 땅이라 오랫동안 오지로 남아 있는 곳이 많다. 그중에서도 해발 900미터 계단식 절벽에 있는 진가보는 중국에서 가장 높은 곳에 있는, 가장 가난한 마을 중 하나다. 저장성浙江省 리수이시丽水市 쑹양현松陽縣 진가보 마을. 70여

가구의 젊은이들이 모두 도시로 떠나 남은 인구가 채 100명도 되지 않는 이곳에 외지 사람들이 모여든다. 원래 마을회관이던 곳에 이 지역 전통 민가의 모습을 살린 센펑의 분점 진가보평민서국陈家铺平民书局이 2018년 6월에 들어선 덕분이다. 2015년 첸샤오화는 준혜서옥 등의 재건축을 담당한 장레이张雷 건축가와 쑹양을 방문했다. 높은 산지에 자리한 아름다운 마을을 발견했고, 곧 마을의 오래된 마을회관을 재건축해 센펑의 분점을 열 계획을 세웠다. "어떻게 옛 건물의 명맥을 살리면서 새로운 활력을 불어넣을지 고민했습니다. 이 건물이 마을 발전에 이바지할 수 있는 좋은 계기가 되기를 바랐죠. 이 프로젝트가 산골 마을 발전의 원동력이 되길 바랐어요. 프로젝트의 목적이 바로 재건축을 통해서 사람, 자연, 건축물의 관계를 재정립하는 데 있었습니다. 또한 이 일을 통해 많은 사람들이 자연과 사람, 옛 마을을 대하는 시각이 바뀌기를 바랐어요." 건축 설계를 담당한 장레이는 작은 프로젝트지만 수많은 사람의 희망과 시골마을 부흥의 염원을 담고 있다고 설명한다. 진행 과정에서 그는 건물의 높이나 주변 경관과의 조화를 중시하고 촌민들의 의견도 많이 청취했다. 누구든 이곳에 오면 마음이 차분해지고 책을 읽고 싶고 독서의 기쁨을 느낄 수 있기를 바랐다.

쑹양현은 중국 전통 향촌 발전의 시범현이자 중국 전통 향촌 보호의 실험구다. 국가문화재국, 중국문화보호재단 등이 전통문화 보존을 위한 실험지로 선정한 곳이다. 쑹양현은 고대 향촌을 보존하고 있으며 진가보 마을은 600여 년의 역사를 지녔다. 이런 고대 향촌은 옛사람들의 천인합일 사상을 간직한 촌락 구조다. 이곳은 친환경 생산을 유지하고, 경제, 문화, 사회의 형태 등 옛 촌락의 전통 형태를 보존하고 있다. 쓰어찡谢雅贞 쑹양현 인민정부 부현장은 센펑이 쑹양을 선택한 것은 좋은 조건들을 갖추고 있었기 때문이라고 설명하며 아름다운 인연의 결과라고 강조한다. "우선 쑹양은 매우 좋은 농경문화를 가지고 있어요. 전통 촌락의 보호와 이용 발전 등 여러 면에서 쑹양과 센펑이 인연 맺기에 좋은 기반이 되었습니다. 이런 외진 곳에는 더욱 문화의 자양이 필요합니다. 몇 년 동안, 쑹양에 점점 더 많은 고급 예술계, 건축계 인사들이 찾아왔습니다. 이것은 쑹양이 개명, 개방, 포용의 마음가짐을 가지고 있기

* 600여 년의 역사를 자랑하는 진가보 마을은 옛 촌락의 전통과 문화적 가치를 보존하고 있다.

CHINA

때문이죠. 많은 인재들이 향촌에서 그들만의 지혜와 활력을 사용할 수 있습니다."
중국에서 제일 아름다운 서점을 짓는 계획은 인문의 힘, 문학의 힘으로 산골 마을의 발전에 힘을 불어넣는 일이었다. 진가보의 농촌, 농민들에게 더 의미 있는 일을 제공하고, 변화에 대한 기대도 있다. 예전에는 마을 사람들이 시간 나면 카드놀이나 마작을 했다면 지금은 서점이 생겨서 책을 보면서 쉴 수 있으니 삶이 다채로워진 것이다. 쓰어찡 부현장은 "진가보 인문서점이 현재 인터넷 관련 전자제품이 많은 시대에 인스턴트적인 독서 습관을 고치고 있습니다"라며 마을의 변화를 얘기한다. 또 쑹양현 문학예술계 연합회 회원 서노徐璐는 "잠시 일상의 번뇌에서 벗어나 시적인 공간에서 쉬어갑니다. 휴대폰은 잠시 내려놓고 치유의 시간을 가질 수 있죠"라고 말하며 기뻐한다. 셴펑과 인연을 맺고 시 낭송회와 강연 등의 활동을 하는 시인 란란蓝蓝은 "고대 전통 민가의 느낌을 그대로 살려서 좋아요. 책장과 내부 인테리어 전체를 목재로 사용했고, 서가의 책들과 함께 단아하게 조화를 이루고 있죠. 책 읽는 사람, 서가의 책들, 서점 밖에 펼쳐진 산맥들이 모두 한 편의 시처럼 엮여 아름다운 모습을 이루고 있어요"라고 찬사를 보낸다. "농촌에 이와 같은 문화 공간을 짓는 일은 매우 훌륭한 덕을 쌓는 일입니다. 농촌 지역 아이들과 천민들의 마음에 위안이 되는 일이고요. 고립된 지역에서 새로운 정보와 사람을 연결해주는 좋은 통로가 될 것입니다. 다음 세대가 훌륭하게 성장하는 데 큰 힘과 용기를 줄 것입니다."

陈家铺平民书局

- 맑은 공기와 절경을 지닌 시골 서점에서 독서를 즐기고 문화행사에 참여하려는 사람들이 진가보를 찾고 있다. 2019년 중국에서 가장 아름다운 서점으로 선정된 이곳에서 도시인들은 잠시 일상에서 벗어나 마음의 안식을 찾을 수 있다.

• 〈로마인 이야기〉를 읽으며 로마 시대에 푹 빠져드는 소녀 첸무용(钱木瑶). 진가보 마을에 셴펑서점이 들어선 후 외지인들이 모여들고 있다. 아이들이 엄마의 손을 잡고 찾아와 책을 읽으며 미래를 꿈꾼다. 아이들의 발걸음이 마을에 활력을 불어넣고 있다.

책을 사랑하는 사람들과 서점 밖의 자연이 어우러져 어느새 하나의 풍경이 된다. 책을 보다가 고개를 돌리면 창밖에 초록색 풍경이 끝없이 펼쳐진다. 첸의 소망은 진가보의 서점과 마을이 이렇게 서로에게 스며드는 것이다. 향촌의 미래인 아이들에게 투자하는 것도 그 때문이다. "저는 농촌에서 태어나고 자랐어요. 농촌 출신이라 농민의 고통을 잘 알죠. 지금 농촌에 가장 필요한 것은 공공시설이에요. 공공질서와 공통된 희망도 필요하죠. 농촌에 오는 것 자체가 문화 재건 또는 가치 재건이라고 봐요. 그래서 우리는 꿈과 이상을 품고 농촌 르네상스에 참여하게 된 겁니다." 첸샤오화는 책을 읽는 향촌에 희망이 있다고 생각한다. 그래서 다시 이상을 품고 시골로 돌아간 것이다. 땅과 영원한 관계를 맺고 싶다는 본능. 가장 향토적인 것이 가장 세계적인 것이 될 수 있듯, 농촌이 중국 문화의 근원이라고 생각하고 있다. 물론 장밋빛 미래만 있는 건 아니다. 하지만 첸에겐 신념이 하나 있다. '천국'은 서점의 모습을 하고 있다는 것이다.

2018년에 오픈한 지 1년 후, 가장 큰 변화는 마을에 활기가 생긴 것이다. 도시에서 온 관광객이 늘면서 마을은 점점 젊어지고 있다. 방문객이 많아지면서 자연스럽게 민박집도 운영 중이다. 텅 비어 있던 집들을 관광객들이 채운다. 전통문화가 보존된 마을에서 자연과 책에 흠뻑 빠진 이들은 하루를 편안하게 즐기고 있다. 과거와 현재를 잇는 이곳에선 도시의 빠른 속도에서 벗어나 심플한 삶을 추구할 수 있다. 느릿하게 걸어도 좋다. 진가보의 주민들은 작은 마을에 이렇게 서점이 생기고 사람도 엄청나게 많아져서 신기하다고 입을 모은다. 관광객이 찾아와 이곳에서 독서에 빠져들면서 행복한 변화가 진행 중이다. 전에는 상상할 수 없었던 일들이 마을 곳곳에서 일어나고 있다. 무엇보다 반가운 건 아이들이 정말 많이 늘었다는 사실이다. 아이들은 엄마의 손을 잡고 와서 향촌의 이야기가 담긴 책을 고르고 읽는다. 젊은이들이 사라진 향촌에 아이들이 방문해 책을 읽으면서 자신의 미래를 꿈꾼다. 자연과 책의 기쁨이 어우러진 서점은 방문하는 이들의 삶을 충만하게 만든다. 소박하지만 소중한 꿈이 담긴 서점이 많은 이들을 향촌으로 이끌고 있다. 진가보처럼 하늘과 바람과 시가 함께 있는 서점은 우리의 영원한 연인일 수밖에 없다.

INTERVIEW

"책은 내 생명의 전부입니다."

책과 사랑에 빠진 서점주,
첸샤오화

"내 이름은 이미 셴펑과 독자들의 피땀 속으로 녹아들었습니다."
책과 숙명적인 사랑에 빠졌다고 말하는 첸샤오화는 일생의 역량을 모두 책에 쏟아부었다.
책에 대한 열정과 헌신이 오늘날 셴펑서점의 신화를 가능하게 했다.

왜 서점 이름을 센펑이라고 지었나?

저와 같이 생활했던 친구들이 센펑파(Avant-garde) 시인, 작가, 화가들이었기 때문입니다. 그들은 저와 항상 같은 그룹에 있었죠. 저도 모르게 그들은 저에게 영향을 끼쳤습니다. 그래서 저는 서점 이름을 센펑이라고 지었습니다. 제 생각에는 모든 센펑은 센펑파 사람들, 센펑파 그룹을 위한 것입니다. 서점을 연 다음에 저는 전국의 출판사를 돌아다니면서 영화인, 시인, 작가, 예술가, 화가들을 만나고 서적을 모았습니다. 그리고 창작의 더 큰 가능성을 알게 되었습니다.

어떻게 서점을 운영하게 되었나?

난징대학교에서 공부한 후 성급(省級) 기관에서 일했습니다. 하지만 일에 대한 흥미를 잃고 일을 그만두었습니다. 그다음에는 장사를 했습니다. 장사를 하다가 실의에 빠져 계속하지 못했습니다. 이후 서점을 열고 싶었습니다. 저는 중국문학을 배웠기 때문에 서점을 열면 좋겠다고 생각했습니다. 왜냐하면 서점을 열면 제가 책을 읽을 수 있기 때문입니다. 제 생각에 인생의 모든 일은 절망 중에서 탄생한다고 봅니다. 절망 안에서 새로운 희망이 생겨납니다. 길이 없는 곳을 마주했을 때 새로운 길로 걸어갈 수 있지요. 나만의 서점을 여는 것이 마음속의 깊은 염원이었습니다. 다른 각도에서 말하면 발붙이고 살 곳과 의지할 곳이 있어야 했죠. 막 시작했을 때는 많은 걸 생각하지 않았습니다. 서점을 열 때 난징을 돌아다녔습니다. 낡은 자전거를 끌고 큰길, 작은 골목 모든 곳을 돌아다니면서 찾았습니다.

당시 타이핑난루에서 작은 공간을 찾았는데, 그곳은 난징에서 비교적 문화적인, 문화 집중적인 공간입니다. 문을 연 센펑서점의 맞은편에는 성바오로 성당이 있었습니다. 신의 계시가 있었죠. 만약 신이 없었다면 제가 어떻게 성바오로 성당 맞은편의 판잣집 같은 작은 공간에 있을 수 있었을까요? 그곳은 5평 정도였고 10여 개의 책장이 있었습니다.

서점의 모토로 내세운 '대지의 이방인'은 어떤 의미인가?

서점에 오는 모든 사람이 이방인입니다. 저 자신 역시 이방인입니다. 난징에 와서 센펑서점을 열었습니다. 이처럼 난징으로 오는 모든 사람 역시 이방인입니다. 그들은 도시에 살고 있습니다. 그 외에 책을 쓰는 모든 사람 역시 이방인입니다. 센펑이라는 대지 위에서 존재하고 있습니다. 그래서 센펑서점의 광고 문구를 '대지의 이방인'이라고 지으면서 센펑서점이 많은 사람들의 침대, 편안히 쉴 수 있는 곳이 되길 바랐습니다. 대지의 이방인은 또 다른 의미로는 영혼의 고향입니다. 센펑서점에 오는 이들은 길을 떠나는 사람이 아니라 하나하나의 영혼이 있는 사람들입니다. 그들이 센펑이라는 고향에 찾아오는 것입니다. 대지의 이방인인 센펑이 모든 사람의 고향이기 때문입니다.

센펑서점을 열기 전에 전 세계 유명 서점을 돌아다녔는데, 기억에 남는 일화가 있나?

전 어딜 가든 제일 가기 원하는 곳이 서점이나

박물관입니다. 그래서 영국에 갔을 때 46개의 서점을 돌아다녔습니다. 모두 비교적 유명한 서점이었죠. 케임브리지에서 한 음악 서점에 들어갔습니다. 80대 중반의 노인이 백발 머리에 금색 안경을 차고 돋보기를 낀 채로 책을 읽는 장면을 보았습니다. 이 장면은 제 꿈에 계속 나옵니다. 그래서 생각했죠. 나중에 나이가 들면 나도 그와 같은 사람이 되어야겠다고요. 이게 바로 제가 하고 싶어 하는 일이라고 생각합니다. 나중에 그 노인만큼 나이가 들어도 센펑에 존재할 것이며, 책과 관련된 일을 할 겁니다. 이게 제가 생각하는 제일 행복한 하루가 아닐까 합니다.

세계 유수의 매체가 센펑서점을 세계에서 가장 아름다운 서점으로 꼽는데, 이유가 무엇일까?
　센펑서점을 꼽는 제일 큰 원인은 선봉 정신 때문이 아닐까 싶습니다. 센펑이 방공호에 서점을 연 사실은 하나의 인문 이념이 되었습니다. 버려진 방공호에 아름다운 서점을 연다는 것은 전 세계적으로 유일무이한 일입니다. 센펑은 세계 흐름에 발맞춰 문화 창작품을 개발합니다. 이것 역시 중국 전국의 서점 중에서 앞서가는 부분이죠. 또 센펑은 이상에 맞춰서 향촌의 길로 갔습니다. 사랑이 더 필요한 곳으로 갔지요. 사랑이 필요한 곳이라면 어디든 우리가 그곳에 갔습니다. 미래 센펑의 운명은 중국 향촌의 운명과 밀접한 연관이 있기 때문입니다. 센펑은 역사문화 지역이나 관광지에 서점을 엽니다. 이것도 하나의 특징이죠. 이런 면에서 선봉성이 존재한다고 할 수 있죠. 제가 제일 감명받는 사람은 역사를 우수하게 바꾼 사람들입니다. 제일 탄복하는 사람들이죠. 사실 저 스스로도 계속 변화하려고 노력합니다. 끊임없이 상실하는 와중에 가능성을 찾아내지요. 한 기업을 더 좋게 하기 위해서요. 사회를 추진하는 힘이 되어야 합니다. 제가 생각했을 때 이것을 제일 주의 깊게 봐야 합니다. 전환하는 과정 중에서의 도전, 이것이 제일 좋은 기회입니다. 저는 끊임없이 도전합니다. 이게 바로 센펑이 다른 서점과 비교해 비교적 멀리 갈 수 있었던 이유입니다.

당신에게 서점이란 어떤 의미인가?
　서점은 하나의 생활 방식을 파는 곳입니다. 서점은 사람들에게 세계에 대한 이상을 가져다줍니다. 제 생각에 서점이라는 곳은 사람들의 꿈과 상상력을 가능하게 만들어주는 곳입니다. 단순하게 하나의 서점으로 보아서는 안 됩니다. 서점은 공공의 공간이며, 모두가 교류하고 대화하는 공간입니다. 그래서 서점은 세계의 중심입니다. 제 생각에 하나의 서점은 하나의 세계입니다. 달리 말하면 하나의 서점은 하나의 국가입니다. 저는 개인이 집단보다 더 창조력을 가지고 있다고 생각합니다.
자기의 관점을 계속 유지하는 것이 제일 중요합니다. 더 많은 사람들에게 책을 생명의 온도로 느낄 수 있게 하는 것, 더 많은 사람에게 세계의 매력을 향유하도록 하는 것, 이것이 내가 해야 하는 일 중에 하나입니다. 저는 반드시 이 일을 해낼 겁니다. 왜냐하면 책은 나의 생명이기 때문입니다. 저는 한 가지 일만 합니다. 바로 서점입니다. 서점은 내 영혼의 고향입니다.

LIBRAIRIE AVANT-GARDE

18

선봉 정신으로 미래를 창조하다

센펑서점은 1996년 11월, 난징 타이핑난루에 위치한 17제곱미터의 작은 서점에서 출발했다. 현재는 2004년 9월부터 센펑의 역사를 새롭게 써 내려간 우타이산 본점을 필두로 2021년 4월에 문을 연 탕산광갱서점과 위안보위안사일로서점 등 중국 전역에 18개 서점을 거느린 그룹으로 성장했다. 센펑서점의 주인 첸샤오화는 문화 혜택이 부족한 시골이나 폐허 및 유적지 등에 문화재생을 위한 공공 공간인 서점을 만들고 있다.

1. 셴펑우타이산본점(2004년)
Librairie Avant-Garde-Wutais ain Store

중국에서 가장 아름다운 서점이자 난징(南京)의 문화 랜드마크. 대지의 이방인들이 지친 영혼을 쉴 수 있는 공간이다. 개방, 독립, 자유의 철학과 휴머니즘의 인도에 따라 독자들은 시적인 아름다움과 하나 되는 독특한 독서 경험을 가질 수 있다. 문화, 예술, 영화, 음악 등을 통해 창조성과 삶의 정취를 더하는 곳으로 사상의 향연과 학문의 정신을 구현하고 있다.

ADD No. 173 Guangzhou Road, Gulou District (opposite the Nanjing Grand Hotel) **TEL** 86-25-8371-1455

2. 셴펑총통부문사서점(2011년)
Librairie Avant-Garde-History Bookstore-Presidential Palace Branch

난징 총통부의 중심부에 위치해 있으며, 난징의 역사를 설명하는 풍부한 책들이 가득하다. 사진 및 영화 컬렉션, 여행 가이드, 다큐멘터리 등 다양한 주제와 관련된 책들이 아기자기한 구성으로 진열되어 있다. 총통부의 벽에 숨겨진 세련된 스타일과 아름다움을 발견할 수 있다.

ADD No. 292 Changjiang Road in the Presidential Palace
TEL 86-25-8472-8172

3. 셴펑후이산서국(2012년)
Librairie Avant-Garde-Huishan Branch

난징 외곽, 우시(无锡)의 후이산(惠山)에 있는 서점으로 문화와 역사에 초점을 맞추었다. 넓고 편안한 독서 공간에 다양한 문화의 관점이 제공된다. 이 서점은 후이산의 문화유산과 전통건축에 충실할 뿐만 아니라 맞은편에 커피숍을 위치시켜 전통에 새로운 문화를 소개하고 있다. 2층에서 책을 읽으면 산속의 먼 탑이 아득하게 보이고 커피 내리는 향기를 만끽할 수 있다.

ADD Xiu Zhang Street No. 34, Liangxi District, Huishan Town, Wuxi City **TEL** 86-510-8370-2691

4. 셴펑총통부민국서원(2012년)
Librairie Avant-Garde-Republic Bookstore-Presidential Palace Branch

역사를 수집하고 도시를 기억한다. 중국 최초의 중화민국 테마 서점이자 정원식 인문학원이다. 심플하고 고전적인 우아함을 지닌 인테리어는 차를 마시고 과거와 현재를 이야기하기에 완벽한 장소로 만든다. 장난(江南) 지역의 건축 양식을 반영했으며, 과거의 아름다움을 잘 보여주고 있다. 동양과 서양의 정수를 구현한 이곳은 대대로 이어져온 중국 문학과 역사의 증인이다.

ADD No. 292 Changjiang Road in the Presidential Palace
TEL 86-25-5861-9372

5. 셴펑신생활서국(2013년)
Librairie Avant-Garde-New Life Bookstore

마치 중화민국 시대에서 방황하는 느낌을 준다. 거리와 건물은 모두 과거의 모방품이다. 인쇄의 향기로 가득 찬 서점을 만나게 된다. 중화민국 관련 서적과 이 시대의 출판 산업 및 언론 유통을 대변하는 복고적 아이디어에서 비롯된 여러 제품들이 있다. 서점은 어딘가 그 시대의 문인들의 서재를 닮았다.

ADD The second floor underground B2, Nanjing Museum, Zhongshan East Road 321 **TEL** 86-25-8421-1106

6. 셴펑비산서국(2014년)
Librairie Avant-Garde-Bishan Branch

안후이성(安徽省) 황산시(黃山市), 명나라와 청나라의 역사적 추억이 가득한 옛 사당에 위치한 서점은 전혀 새로운 독서 경험을 제공한다. 농촌 문인들의 문화유산은 비산(碧山) 공동체의 현재 목표와 콘텐츠를 발전시켰다. 서점 아래층에서 책을 읽고 위층에서 차를 마시면서 쉴 수 있지만, 더 중요한 것은 방문한 사람이 시골 풍경의 일부가 되는 것이다.

ADD Bishan Village Qitai Hall, Yi County, Huangshan City, Anhui Province **TEL** 86-559-5175-080

7. 셴펑영풍시사(2014년)
Librairie Avant-Garde-Yongfeng Poetry Abode

난징 중산릉은 중국의 민주혁명가 쑨원(孙文)의 영묘와 함께 역사문화적 맥이 담겨 있다. 이곳에 중국식 유약기와와 빨간 기둥으로 이루어진 하얀 벽의 서점이 있고, 피아노의 메아리, 새의 노래 등이 이곳의 시성을 풍부하게 만든다. 시가 가득한 이곳은 진정한 시인의 천국이다. 시의 중심지에서 중국의 시적 혈통이 운문에 흐른다.

ADD No. 3 Dr. Sun Yat-sen's Mausoleum, Nanjing
TEL 86-25-8331-0280

8. 셴펑이화서관(2015년)
Librairie Avant-Garde-Yihe Bookstore

이화로(颐和路)는 옛 취향의 상징이자 새 시대에 어울리는 곳으로 오늘날 휴식처를 찾는 영혼에게 적합한 장소다. 도시의 분주함과 혼잡함 속에 묵묵히 서 있는 탑 건물이 이방인의 눈길을 사로잡는다. 이곳에 위치한 서점은 여행으로 지쳐가는 모든 이들에게 독서의 빛을 비춘다. 책 향기를 맡으며 거닐다 보면 책 한 권에서 완벽한 새로운 세상을 발견할 수 있다.

ADD No.39 Jiangsu Road **TEL** 86-25-8332-5082

9. 셴펑운석도서관(2015년)
Librairie Avant-Garde-Windsail Library

저장성(浙江省) 항저우(抗州)의 자욱한 안개와 맑고 푸른 물이 있는 곳. 산과 구름과 안개에 둘러싸여 있으며 사시사철 드라마틱한 풍경이 펼쳐진다. 이곳에 흙으로 지은 두 채의 건물이 인접해 있으며, 전통을 지키는 동시에 커피, 살롱 등의 현대적인 면모를 함께 아우르고 있다. 서점은 풍경을 고스란히 담은 엽서 같은 모습이다.

ADD No. 7 Daijiashan Village, Tonglu County, Hangzhou City, Zhejiang Province **TEL** 86-571-6428-8820

10. 센펑시인의 집(2016년)
Librairie Avant-Garde Bookstore for Poets

세월은 잠잠하고 난징의 이야기는 계속된다. 언제나 시인의 집은 문학적 상상력으로 충만하다. 물고기를 가득 채운 만선이 동해에 도착할 때 시상이 떠오르고 새롭게 시행이 쓰여진다. 바다의 물결은 연인의 손수건이고, 센펑서점은 시인의 집과 같다. 센펑과 시는 불가분의 관계다.

ADD Minfang Building Room 1005, Guangzhou Road 189, Gulou District, Nanjing City **TEL** 86-25-8332-6377

11. 센펑준혜서옥(2016년)
Librairie Avant-Garde-Junhui Bookstore

안후이성(安徽) 선비들의 숙소가 서점으로 거듭났다. 역사적 매력이 묻어나는 라오먼동(老门东)의 우아함을 간직한 채 안후이 양식의 창조적인 건물에 서점이 자리를 잡았고 자연환경에도 자연스럽게 녹아든다. 오랜 시간을 머금은 우아한 옛집과 서점의 풍부한 컬렉션이 돋보이며, 독립시대를 향해 나아가는 새로운 서점이다.

ADD Junhui Bookshop, Bianying Road 2, Laomendong Historic Conservation Block, Qinhuai District, Nanjing City **TEL** 86-25-8520-9010

12. 진가보평민서국(2018년)
Librairie Avant-Garde Chenjiapu Populace Bookstore

저장성 리수이(丽水)의 진가보(陈家铺)는 안개 낀 풍경이 아름답다. 고대 마을의 사람들은 산꼭대기에 살고 있다. 이들은 산과 강 한가운데서 자연과 조화를 이루고 있다. 이 절벽 위의 마을에 서점이 지어졌다. 산천과 대지를 바라보며 천지만물과 조용히 대화할 수 있다. 이곳에 세워진 서점 덕분에 시가 대지의 정신을 불어넣었고 농촌과 민속 문화에 활력을 되찾아주었다.

ADD Chenjiapu Civilian Bookstore, Chenjiapu Village, Sidu Township, Songyang County, Lishui City, Zhejiang Province **TEL** 86-578-8086-817

13. 센펑벌레서점(2019년)
Librairie Avant-Garde Bookstore of Bugs

많은 문인들이 찾아와 시와 글을 남긴 문화유적지 현무호(玄武湖)와 량저우(梁洲)섬의 다양한 문화유산을 만날 수 있는 곳. 멀리 바라보면 호수와 산이 한눈에 들어오고, 내려다보면 책 위에서 자연의 경치가 도약한다. 고전과 현대의 생명력이 충돌하며, 풍경과 문화적인 활력이 지속된다. 아름다운 경치에 빠져들거나 벌레 소리에 귀 기울이다 보면 시간 가는 줄 모른다.

ADD Lansheng Building of Liangzhou Island in the Xuanwu Lake Park, Nanjing **TEL** 86-25-8378-9670

14. 센펑시가서점(2019년)
Librairie Avant-Garde Bookstore of Poetry

난징 현무호(玄武湖)의 량저우(梁洲)에는 또 하나의 아름다운 센펑서점이 있다. 안개 자욱한 호수, 누군가 배 위에서 부르는 노래는 혼잡하고 부산한 세상으로부터 자유를 바라는 탄식일 것이다. 책의 향기가 안개에 떠다니고 시가 아름다운 노래와 함께 울려 퍼진다. 시와 노래를 담은 서재는 호숫가에 펼쳐져 있다.

ADD Youyi Hall of Liangzhou Island in the Xuanwu Lake Park, Nanjing **TEL** 86-25-8378-9776

15. 센펑샤디논서점(2019년)
Xiadi Paddy Field Bookstore of Librairie Avant-Garde

푸른 계곡과 숲으로 둘러싸인 푸젠성(福建省) 동부의 옛 마을은 100년 된 흙벽과 현대 인류 공간의 부흥에 대한 이야기를 들려준다. 논 주변에 위치한 독특한 시골 서점은 버려진 집에 자연친화적으로 지어졌으며 산과 마을을 연결한다. 좋은 논두렁과 매력적인 산기슭과 함께 농경문화가 계승되고 있다. 자연과 건축물의 조화, 전원적이고 시적인 공간이 감동을 불러일으킨다.

ADD No.120 Xiadi Village, Pingcheng Township, Pingnan County, Ningde City, Fujian Province **TEL** 86-593-3105-508

16. 셴펑샤시바이주서국 (2020년)
Shaxi Bai Ethnicity Bookstore of Librairie Avant-Garde

윈난성(雲南省) 다리바이주자치주(大理白族自治州), 낡은 곡식 창고가 오늘날 서고로 다시 태어났다. 높고 험난한 길이 펼쳐지는 차마고도(茶馬古道)의 도시에 인문학의 궁전이 세워졌다. 개척자들을 위한 시적이고 신성한 땅에 들어선 소수민족 샤시(沙溪) 문화를 위한 공공 공간과 커뮤니티 센터. 문학에 활력을 불어넣는 꿈의 고향을 만날 수 있다.

ADD Beilong Village, Shaxi Town, Jianchuan County, Dali Bai Autonomous Prefecture, Yunnan Province
TEL 86-872-4787-808

17. 셴펑탕산광갱서점 (2021년)
Tangshan Quarry Bookstore of Librairie Avant-Garde

난징 탕산(汤山)의 옛 채석장 터에 지어진 서점은 새로운 면모를 가진 문화적인 보석이다. 폐허가 된 채석장이 어떻게 공공 공간과 문화 공원으로 변모하는지 보여준다. 붉은 벽돌과 아치 콘크리트를 특징으로 하는 리노베이션 건축물은 오랜 역사를 품고 있다. 현대와 문화적 요소의 활기찬 조합을 대표하며, 난징 탕산의 재생 문화재로 셴펑의 개척 정신과 어울린다.

ADD Lime-kiln Site of Tangshan Quarry Park, No. 11, Meiquan Road, Tangshan Avenue, Jiangning District, Nanjing
TEL 86-25-8616-3180

18. 셴펑위안보위안사일로서점 (2021년)
Garden Expo Silo Bookstore of Librairie Avant-Garde

10개의 사일로가 서점 클러스터로 변환되면서 산업 유적은 새로운 삶을 부여받았다. 새로운 가치를 부여하는 도시재생의 일환으로 서점이 새로운 문화의 중심지로 거듭났다. 역사, 문화, 예술, 그리고 자연과 함께 서점이 인류를 이어주는 역할을 한다. 난징 탕산에 위치한 이곳은 인본주의 정신으로 활기가 넘치는 성스러운 책의 전당으로 손색이 없다.

ADD Southwest corner of No. 6 Exhibition Hall, Boyuan Road, Tangshan Subdistrict, Jiangning District, Nanjing
TEL 86-25-8616-1226

BACK TO THE BOOKS

FRANCE

수많은 예술가들이 사랑하는 낭만의 도시, 파리. "파리는 내게 언제나 영원한 도시로 기억되고 있다"고 했던 어니스트 헤밍웨이는 불꽃같은 청춘 시절을 1920년대 파리와 함께했다. 여전히 많은 이들이 헤밍웨이의 꿈과 열정을 좇아 파리를 찾는다. 이 도시의 낭만은 에펠탑이나 루브르 박물관 같은 유명 장소에만 있지 않다. 오히려 오랜 세월 파리지앵의 일상을 지켜온 공간에서 특별한 영감이 찾아올지도 모른다. 현재와 과거가 번갈아가며 등장하는 골목길들을 지나, 모퉁이에서 우연히 만나는 서점 여행. 현지의 일상과 예술을 간직한 서점의 이야기는 파리를 더욱 특별하게 기억하는 방법이 된다.

셰익스피어 인 파리

BACK TO THE BOOKS

FRANCE

SHAKESPEARE AND COMPANY

셰익스피어 앤 컴퍼니

ADD 37 Rue de la Bûcherie, 75005 Paris
METRO Saint Michel Notre Dame (line 4, RER B and C)
BUSINESS HOURS (월~토) 11:00~19:30 (일) 11:30~19:30 연중무휴
TEL 33-1-4325-4093
WEBSITE shakespeareandcompany.com

"따뜻하고 쾌적하고 멋진 곳이었다.
선반에는 책이 가득 차 있었으며, 유리 진열장에는 신간 서적들을 전시해놓았다.
벽에는 생존해 있거나 이미 작고한 유명 작가들의 사진이 걸려 있었다."

- 어니스트 헤밍웨이의 <파리는 날마다 축제>에서 '셰익스피어 앤 컴퍼니'에 대한 추억

파리 좌안의 예술과 문화

파리는 센강을 기준으로 양옆의 분위기가 확연히 다르다. 서울 강남과 강북의 차이처럼. 강의 오른편을 일컫는 우안에는 엘리제궁, 루브르 박물관, 명품 거리 등 귀족적 분위기의 관광지가 몰려 있고, 왼편인 좌안에는 오래된 골목 사이사이로 작은 상점과 낡은 책방이 다닥다닥 들어서 있다. 우안이 역사적으로 프랑스를 대표하는 징치와 문화, 경제의 중심지라면, 좌안은 20세기 들어 독립적이고 독창적인 사상과 예술을 모색하던 곳이다. 소르본 대학과 인근 서점, 카페 등에서 장폴 사르트르Jean-Paul Sartre, 1905-1980, 시몬 드 보부아르Simone de Beauvoir, 1908-1986, 알베르 카뮈Albert Camus, 1913-1960, 사뮈엘 베케트Samuel Beckett, 1906-1989 등이 이곳에서 새로운 사고와 삶의 방식을 논했다.

노트르담 대성당 바로 맞은편에 위치한 셰익스피어 앤 컴퍼니는 지성의 산실인 센강 좌안에서도 특히 많은 작가들의 사랑을 받은 장소였다. 문학의 낭만을 즐기기 위해 파리를 찾는 보헤미안들의 휴식처로도 부족함이 없었다. 오늘날 이곳을 찾는 방문객들은 문화예술의 메카, 파리에 대한 판타지를 충족하면서 <이상한 나라의 앨리스>처럼 또 다른 세상으로 통하는 마법의 공간이라고 찬사를 보낸다. 이미 리처드 링클레이터 감독의 <비포 선셋>(2004), 우디 앨런 감독의 <미드나잇 인 파리>(2011)에 등장해 영화 애호가들에게도 잊지 못할 추억의 장소이자 파리의 명소가 되었다. 하지만 처음부터 이 아름다운 장소에 뿌리내린 것은 아니다.

문학인들의 아지트를 꿈꾼 실비아 비치

1919년 11월, 미국인 실비아 비치Sylvia Beach, 1887-1962는 영어 책을 구하기 어렵던 파리에서 영문학 전문서점을 뒤퓌트랑 8번지에 열었다. '대문호의 동료'라는 의미의 '셰익스피어 앤 컴퍼니'는 실비아가 침대에 누워 있다가 불현듯 떠올린 이름이었다. 실비아는 자신의

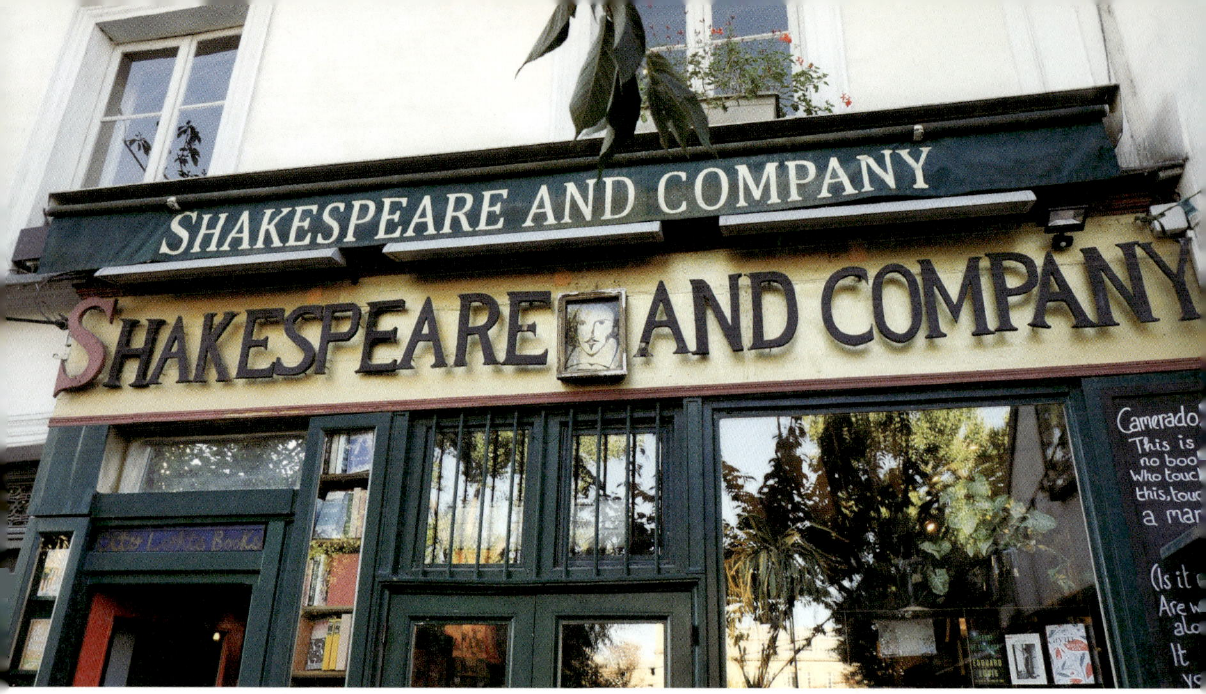

• 서점 셰익스피어 앤 컴퍼니는 낭만적인 영화 〈비포 선셋〉과 〈미드나잇 인 파리〉의 무대가 된 이후, 전 세계 영화 팬들의 사랑을 독차지했다. 지금은 파리 여행에서 절대 빼놓을 수 없는 명소가 되었다.

ⓒ 엔케이컨텐츠 명보아트시네마

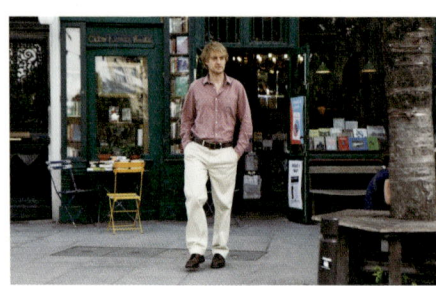

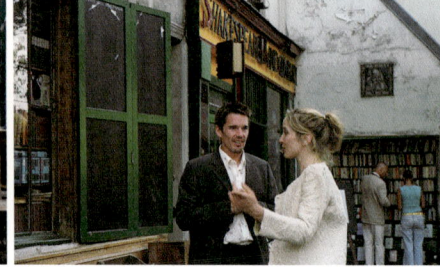

회고록에서 "동업자 빌(윌리엄 셰익스피어의 애칭)은 이 사업에 무척이나 잘 어울리는 상대였다. 게다가 그의 책은 영원한 베스트셀러였으니까!"라고 적고 있다. 당시 입구 진열장에는 셰익스피어^{William Shakespeare, 1564-1616} 외에도 T. S. 엘리엇^{T. S. Eliot, 1888-1965}, 제임스 조이스^{James Joyce, 1882-1941} 등의 작품이 배치되었다. 판매와 대여를 동시에 하는 이 서점은 곧바로 새로운 지성과 문학에 목마르던 이들 사이에서 입소문이 났다. 심지어 서점에 대한 소문은 미국으로도 퍼져서 예술가들이 파리에 오면 가장 먼저 방문하는 곳이 되었다. 1921년 여름, 공간이 더 넓은 오데옹가 12번지로 가게를 옮기면서 번성했다. 실비아는 서점을 작가들이 모이는 곳으로 만들고 싶었고, 그녀의 바람대로 많은 작가들이 찾아왔다. F. 스콧 피츠제럴드^{F. Scott Fitzgerald, 1896-1940}, 거트루드 스타인^{Gertrude Stein, 1874-1946}, 어니스트 헤밍웨이^{Ernest Hemingway, 1899-1961} 등이 단골이었다.

젊은 시절을 파리에서 보낸 헤밍웨이는 1920년대 파리 체류기인 <파리는 날마다 축제^{A Moveable Feast}>를 남겼다. 1961년 헤밍웨이가 죽은 지 3년 후에 출간된 이 회고록에는 셰익스피어 앤 컴퍼니에 대한 애정과 추억이 생생히 담겨 있다. 당시 가난한 헤밍웨이는 서점에 처음 들어갔을 때 무척 기가 죽어 있었다. 책 대여를 위해 등록할 보증금조차 낼 수 없는 형편이었기 때문이다. 헤밍웨이를 처음 본 실비아 비치는 그에게 도서카드를 건네면서 보증금은 언제든 돈이 생길 때 내고, 원하는 책이 있으면 얼마든지 빌려 가도 된다며 호의를 베푼다. 놀라운 서점을 발견한 헤밍웨이는 들떠서 아내에게 "이제 우리는 이 세상 모든 책을 읽을 수 있고, 여행을 떠날 때에도 책을 가져갈 수 있어"라며 기뻐한다. 훗날 스스로 '셰익스피어 앤 컴퍼니의 최고 고객'임을 자부했던 헤밍웨이는 서점이 선사한 행운에 흠뻑 취한다.

무엇보다 이곳이 유명세를 얻게 된 데에는 오늘날 20세기 최고의 소설로 불리는 <율리시스^{Ulysses}> 출간이 큰 몫을 했다. 제임스 조이스의 <율리시스>는 당시 외설과 작품성 논란으로 연재하던 문예잡지 <리틀 리뷰>에서 게재 금지를 당했으며, 미국과 영국에서는 출간 금지된 상황이었다. 1920년 여름, 우연히 파티에서 실비아와 조이스가 만난 후 조이스는 셰익스피어 앤 컴퍼니를 자주 찾는 고객이자 식구가 되었다. 출판이 불가능해져 낙담한 조이스를 돕고자 실비아는 출판 경험이 전무했음에도 서랍 속에 영원히 잠들 뻔했던 <율리시스>를 세상에 내놓기로 결심했다. 1922년 초판본을 직접 펴낸 덕분에 오늘날 영문학 전공자라면 모두 해석에 열을 올리는 걸작이 빛을 보게 되었다. <율리시스>뿐이 아니다. 실비아는 당시 영국과 미국에서 금서로 지정됐던 <채털리 부인의 사랑 Lady Chatterley's Lover> 등을 판매하며, 그 어떤 편견이나 권위로부터 예술과 문학이 자유로울 수 있도록 작가들의 수호자가 되었다.

백년 서점의 전통을 지켜온 사람들

실비아 비치가 운영하던 셰익스피어 앤 컴퍼니는 제2차 세계대전 중인 1941년 12월에 문을 닫게 되었다. 파리가 나치 치하에 있던 시절, 조이스의 책 <피네건의 경야 Finnegans Wake>를 팔라고 요구한 독일군 장교에 거역했다는 이유로 실비아가 6개월간 수용소에 갇힌 것이다. 다행히 셰익스피어 앤 컴퍼니의 책과 물건은 파리가 해방될 때까지 숨겨진 채로 남아 있었지만, 결국 다시 서점의 문을 열지 못했다. 그러나 그녀의 서점 정신은 의외의 인물을 통해 이어졌다. 그 주인공은 군인 신분으로 파리에 온 미국 청년 조지 휘트먼 George Whitman, 1913-2011이다.

작은 호텔 방을 책으로 가득 채울 정도로 책을 좋아했던 조지 휘트먼은 더 이상 둘 곳이 없자 자신의 책을 옮겨 서점을 열 장소를 물색하다가 오래된 식료품점을 발견하고 1951년 8월, 영어 책 전문서점 '르 미스트랄 Le Mistral'을 열었다. 이곳은 노트르담과 연결된 17세기 수도원 건물이었고, 현재의 서점이 바로 르 미스트랄이 있던 자리다. 문 닫은 셰익스피어 앤 컴퍼니에 대한 회고록을 작성하던 실비아 비치는 르 미스트랄을 매일 찾아가던 단골손님이었다. 조지 휘트먼과 좋은 친구가 된 실비아는 생을 마감하기 전 그녀의 책과 유품 모두를 그에게 넘겨주었다. 자신의 옛 서점 이름과 함께. 윌리엄 셰익스피어의 탄생 400주년이었던 1964년, 르 미스트랄은 셰익스피어 앤 컴퍼니가

* 셰익스피어 앤 컴퍼니에는 책을 읽거나 토론할 수 있는 공간만 있는 것이 아니다. 책의 향연이 펼쳐지는 이곳에서는 누구나 타자기로 글을 쓰거나 자유롭게 피아노를 치면서 창작 욕구를 불태울 수 있다.

되었다. 셰익스피어 앤 컴퍼니가 다시 문을 연다는 소식에 파리에 있는 영어권 작가들이 몰려들었다. 제임스 볼드윈James Baldwin, 1924-1987, 헨리 밀러Henry Miller, 1891-1980, 아나이스 닌Anaïs Nin, 1903-1977, 비트 제너레이션 작가인 앨런 긴스버그Allen Ginsberg, 1926-1997와 윌리엄 버로스William Burroughs, 1914-1997 등이 찾아왔다.

　오늘날 셰익스피어 앤 컴퍼니에 방문한 손님들의 동선을 안내하는 것은 천장까지 쌓여 있는 책들이다. 개중엔 작가의 초판이나 친필본에서부터 단골의 사연이 담긴 책까지 수십 년간의 세월을 서점과 함께한 책도 있다. 무엇보다도 책들로 구획된 개성 있는 공간들은 서로 대화를 나눈다. 책장 하나를 사이에 두고 오래된 타자기를 두드리는 소리와 책장 넘기는 소리, 피아노 선율이 공존하며, 비좁은 구석에서 기타를 연주하는 이를 책꽂이 너머로 감상하는 이가 있는가 하면, '사랑의 거울'에는 전 세계에서 온 애서가들이 남긴 메시지로 가득하다. 책꽂이 사이에 공간이 있어서 그 틈으로 다른 쪽에 서 있는 사람을 볼 수 있다. 조지 휘트먼은 책을 매개로 서로 소통하기를 바란 것이다. 그는 이 서점을 세 단어로 된 소설책이라고 묘사했다. "작가가 한 장 한 장 소설을 완성해가듯, 나는 서점 안에 책 속의 한 챕터처럼 각각의 방을 만들었다. 사람들이 책을 펼치고 읽어가듯이, 상상 속 마술의 세계로 독자를 이끌어가는 책처럼, 사람들이 서점의 각 방들을 감상하길 원했다." 그는 한 번도 소설을

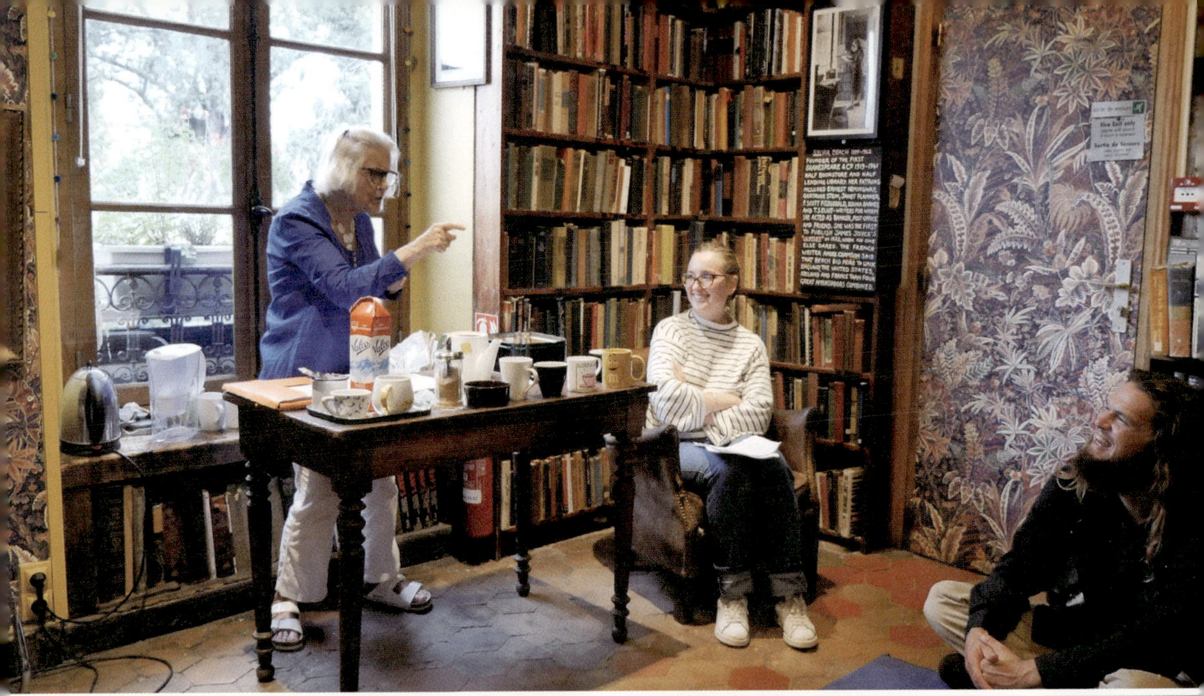

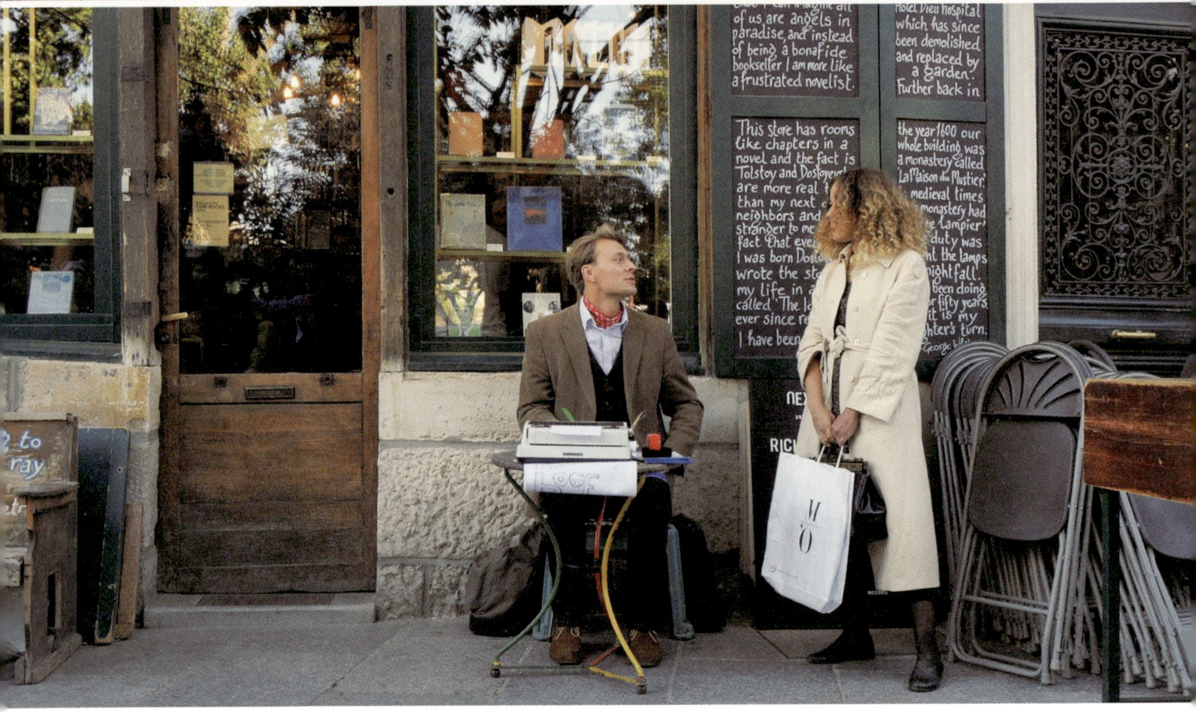
of us are angels in
paradise, and instead
of being a bonafide
bookseller I am more like
a frustrated novelist.
Hotel Dieu hospital
which has since
been demolished
and replaced by
a garden.
Further back in
This store has rooms
like chapters in a
novel and the fact is
the year 1600 our
whole building was
a monastery called
La Maison du Mustier.

쓴 적이 없었지만, 서점은 그에게 끝나지 않은 소설이었다. 서점의 모든 코너가 그의 소설 중 한 챕터였다.

2011년 12월, "책은 사람을 오래 살게 한다"고 말했던 조지 휘트먼은 장수를 누리고 98세로 별세했다. 2002년부터 아버지를 도왔던 외동딸 실비아 휘트먼^{Sylvia Whitman}(조지 휘트먼은 딸의 이름을 실비아 비치의 이름에서 따왔다)은 2006년부터 셰익스피어 앤 컴퍼니를 맡았다. 이 서점에서 만나 사랑에 빠지고 결혼한 다비드 들라네^{David Delannet}와 함께 운영 중이다. 조지 휘트먼은 실비아에게 운영을 맡기면서, 서점 셔터에 "모든 수도원에는 등대 수도사가 있다. 나는 50년간 해왔다. 이제 내 딸의 차례다"라고 써 붙였다. 3대 운영자가 된 실비아 휘트먼은 문학과 서점을 즐길 새로운 창구를 마련했다. 셰익스피어 앤 컴퍼니의 DNA를 지키고, 가치와 전통을 이어나가는 것을 중요시하지만 동시에 아버지가 서점에 남긴 모든 생각을 확장하고 싶었다. 2003년 6월, 처음 문학 페스티벌^{FestivalandCo}을 열었고, 세 번의 페스티벌^{2006, 2008, 2010년}을 더 진행하는 동안 장융^{Jung Chang}, 폴 오스터^{Paul Auster}, 시리 허스트베트^{Siri Hustvedt}, 마르잔 사트라피^{Marjane Satrapi}, 필립 풀먼^{Philip Pullman}, 하니프 쿠레이시^{Hanif Kureishi} 등 많은 작가들을 초대했다. 2010년에는 드 그루트 재단^{The de Groot Foundation}과 함께 전 세계 작가를 대상으로 출판되지 않은 소설에 수여하는 '파리 문학상^{The Paris Literary Prize}'을 제정했다. 첫 수상작은 로사 랭킨지^{Rosa Rankin-Gee}의 <사르크의 마지막 왕^{The Last Kings of Sark}>이었다. 좋은 책을 읽고 맛있는 커피를 마시며 다양한 이벤트를 셰익스피어 앤 컴퍼니에서 즐기길 원했던 실비아 휘트먼은 2015년 말, 서점 옆 버려진 공간에 카페를 열었다. 그렇게 파리의 역사를 간직한 서점이 문학의 교차로가 되기를 꿈꾸었다. 또한 2016년 조지 휘트먼의 일화와 서점의 역사를 담은 <셰익스피어 앤 컴퍼니, 파리>를 출간했는데, 책 출판도 이런 노력의 일환이었다.

셰익스피어 앤 컴퍼니는 매주 다양한 무료 문학 이벤트를 제공해왔다. 특히 젊고 새로운 작가들, 현재 문학계를 이끄는 작가와의 대화가 자주 열리는데, 제이디 스미스^{Zadie Smith}, 리디아 데이비스^{Lydia Davis}, 존 버거^{John Berger, 1926-2017},

제니퍼 이건$^{Jennifer\ Egan}$, 데이비드 시먼$^{David\ Seamon}$ 등이 이 서점에서 독자들을 만났다.
그렇듯 셰익스피어 앤 컴퍼니의 20세기 초반 문학계의 풍경은 21세기를 훌쩍 지난
지금까지도 이어진다. 이는 영화 <비포 선셋>에서 작가가 된 제시(에단 호크$^{Ethan\ Hawke}$)가 셀린(줄리 델피$^{Julie\ Delpy}$)과 9년 만에 셰익스피어 앤 컴퍼니에서 재회하는
장면을 떠올리면 쉽게 상상이 간다. 미국인 제시는 자신의 책 <디스 타임>과 함께
작가와의 대화를 진행하고 서점에 자주 들르던 파리지엔 셀린은 그와 운명처럼
재회한다. 영화나 소설에서 일어날 법한 로맨틱한 사건이 이 전설적인 공간에서
일어나는 것은 전혀 어색하지 않다. 실비아 비치가 운영하던 당시 서점에 헤밍웨이,
피츠제럴드 등 많은 문인이 함께 모여 시에 대한 이야기를 나눴듯, 팬데믹 이전까지
매주 일요일 오후 2시이면 서점 2층에서 티파티가 열렸다. 모인 사람들은 차와 쿠키를
나눠 먹으며 시를 낭독한다. 마치 18세기 파리의 살롱처럼 시 낭송과 노래가 이어진다.
서점을 자주 찾는 시인 파멜리스^{Panmelys}는 "시를 통해 세상에 좋은 자극제가 되는
방법"이라고 이 티파티를 소개했다. 파리 시민들뿐 아니라 외국에서도 티파티에
정기적으로 찾아올 정도로 인기가 있었다. "서점은 하나의 서커스처럼, 극장이라고
할 수 있어요. 매일 수많은 일들이 일어나거든요. 무대는 같지만 등장 인물이 계속
바뀝니다." 실비아 비치, 조지 휘트먼의 뒤를 이어 100살 넘은 서점을 보살피고 있는
실비아 휘트먼은 결코 지루할 틈이 없었다.

작가들의 안식처, 텀블위드

셰익스피어 앤 컴퍼니에는 앨리스와 고양이의 대화(<이상한 나라의 앨리스>에서
인용)뿐만 아니라 조지 휘트먼의 독특한 사고를 담은 메시지가 있다. 입구 계단에는
'인류를 위해 살아라(Live for Humanity)'라는 문구가 눈길을 끈다. 또 서점 바닥엔
'배고픈 작가들을 먹게 하라(Feed the Starving Writers)', 2층으로 향하는 입구에는

• 리처드 파워스(Richard Powers)를 비롯해 문학계를 이끄는 주요 작가들이 독자들과 만나는 전통은 이어지고 있다. 셰익스피어 앤 컴퍼니만의 독특한 철학을 담은 메시지가 서점 벽이나 계단에 적혀 있다. 이 격언들이 방문객을 맞이한다.

* 서점 옆에 위치한 셰익스피어 앤 컴퍼니 카페에서 짙은 커피 향과 더불어 책에 빠져드는 것도 놓칠 수 없는 즐거움이다. 셰익스피어 앤 컴퍼니를 방문하면 이곳에 머무는 텀블위드를 만날 수 있다. 그들은 글을 쓰고 함께 일하며 일상을 즐긴다.

성서의 한 구절을 바꾸어 만든 '낯선 이에게 불친절하게 대하지 말라. 그들은 변장한 천사일 수 있으니까(Be Not inhospitable to Strangers, Lest They be Angels in Disguise)'가 새겨져 있다. 이런 글귀들은 조지 휘트먼이 생전 주장해온 서점 정신이자 오늘날 실비아 휘트먼이 꿋꿋하게 지키고 있는 정체성이다.

    2대 서점주인 조지 휘트먼은 미국 대공황 시기인 1930년대에 무작정 미 대륙 횡단여행에 나섰다. 방랑 중에 죽음의 위기를 겪고 도움을 받으며 깨달음을 얻었다. 나눔과 베풂을 배운 그는 사회주의자의 유토피아를 서점으로 실현하고자 했다. 서점을 열면서부터 가난한 작가와 지식인들을 위해 수프를 끓였고, 서가와 책 더미 사이에 간이침대를 놓아 쉴 곳을 마련했다. 그는 이곳에 잠시 머무는 이들을 텀블위드tumbleweed라 불렀다. 미 서부 광활한 들판에서 자라는 풀들은 가을철 말라 뿌리가 뽑혀 거대한 뭉치가 되어 굴러다닌다. 줄기와 가지는 말라 죽었지만 그 안에 씨를 품고 있다. 굴러다니면서 세상 여기저기에 씨를 뿌리고 또 다음 생을 이어가는 마른 풀들처럼 작가들이 기회의 바람을 타고 왔다가 떠나게 했다. 1960년대, 베트남 전쟁이 심화되자 파리의 학생들은 반전운동에 앞장섰다. 경찰에 쫓기는 학생들을 휘트먼은 책꽂이 사이에 숨겨주었다. 경찰이 찾아와 서점에서 잠자는 모든 이의 개인정보가 포함된 숙박계를 제출하라고 압박했다. 하지만 휘트먼은 숙박계를 내어줄 수 없었다. 모두를 친구이자 식구로 여겼던 휘트먼은 고민에 빠졌다. 그러다 번뜩이는 재치로 이곳에 오게 된 경위를 에세이로 쓰게 했다. 작가의 창작 연습이 된 이 전통은 오늘날 셰익스피어 앤 컴퍼니라는 소설의 중심 플롯이 되었다. 텀블위드는 일종의 작가 레지던시로 자리 잡았다.

    이처럼 셰익스피어 앤 컴퍼니는 작가들이 더욱 마음껏 세상을 굴러다닐 수 있는, 순례자의 안식처를 자처했다. 가난한 작가들은 서점의 업무를 돕는 한편, 서점 곳곳에서 자신의 일을 수행한다. 하루에 책 한 권 읽기, 한 장짜리 자서전 쓰기다. 서점 한가운데 낡은 타자기 앞에서 글을 쓰고 있는 이들을 보면 텀블위드라고 생각하면 된다. 텀블위드들은 조지 휘트먼이 세상을 떠나기 직전까지 머물던 방에서 지낸다.

작가나 문학에 관심이 많은 이들이 이곳에서 지내는 장점은 최고의 영감을 받을 수 있는 일터라는 것이다. 엄청난 책들과 함께 파리의 역사적인 장소에서 무료로 지낼 수 있다. 1950년대 초부터 4만 명 정도가 무료로 숙박했다. 텀블위드는 이곳에 대한 생각을 퍼뜨리고 또 다른 사람을 데리고 온다. 지금까지 3만여 명이 텀블위드로 서점을 거쳐 갔고, 랭스턴 휴스Langston Hughes, 1901-1967, 리처드 라이트Richard Wright, 1908-1960, 레이 브래드버리Ray Bradbury, 1920-2012, 폴 오스터Paul Auster 등 저명한 예술가는 물론, 다양한 젊은이가 거쳐 갔다. <비포 선셋>에서 다락방에서 잔 경험을 얘기하던 배우이자 작가인 에단 호크 역시 엿새간 머물렀다고 한다.

실비아 휘트먼이 어린 시절, 아버지에게 형제자매가 없다고 불평할 때마다 조지 휘트먼은 "서점에 묵는 사람들 모두가 가족"이라며 위로했다고 한다. 책을 매개로 서로 가족이 되는 경험. 셰익스피어 앤 컴퍼니의 '컴퍼니'의 어원은 '빵을 같이 먹다'다. 우리말로 하면 한솥밥을 먹는 식구食口와 같다. 20세기 문화예술의 심장, 셰익스피어 앤 컴퍼니는 문학을 갈망하는 이들에게 가족의 품을 제공하며 여전히 열려 있다.

셰익스피어 앤 컴퍼니는 2020년 코로나19로 인해 한동안 전면 개방이 금지되었다. 파리의 봉쇄령과 함께 관광객 방문이 중단되었고, 2020년 3월부터 매출이 80퍼센트 이상 줄면서 재정난에 처했다. 당시 인터뷰에서 실비아는 "그동안 저축해둔 돈을 다 써버렸고 임대료도 상당히 많이 밀렸다"고 털어놓았다. 2020년 10월 말, 그녀는 이 상황을 알리는 뉴스레터를 보냈고, 온라인으로 책 주문을 해달라고 호소하는 글을 홈페이지에 올렸다. 이후 압도적인 지지와 응원을 받았다. 하루 평균 10건의 온라인 주문에 머물던 것이 폭증해서 500건 이상으로 늘었고, 팬데믹 이전의 판매 수치를 기록했다. 2주 만에 세계 30개국에서 7000여 명으로부터 주문이 쇄도했다. 하루에 1000여 건의 주문이 밀려 쉴 틈 없이 바쁜 적도 있었다. 또한 닐 게이먼Neil Gaiman 같은 유명 작가들이 서점을 돕기 위해 나서기도 했다. 실비아 휘트먼은 셰익스피어 앤 컴퍼니의 정신을 지키고자 하는 이들이 전 세계에 퍼져 있다는 걸 실감했다. 서점은 세상과 정신이 만나는 곳이라 믿었던 조지 휘트먼의 신념이 옳았다.

파리의 상징이자 명물
부키니스트 bouquinist

파리 센 강변에는 빛바랜 고서를 판매하는 작은 서점들이 모여 있다. 하나같이 너비 2미터의 작은 녹색 상자 형태를 띤 매대를 볼 수 있다. 오래된 책을 파는 상인을 지칭하는 부키니스트는 작은 독립서점이다. 16세기 무렵 부키니스트는 퐁네프 다리 앞에서 책을 팔았고, 절대왕정에 의해 탄압받는 시기를 거쳐 1859년 합법화되면서 문화 소통의 창구로 기능했다. 센강 우안은 퐁 마리에서 루브르 박물관까지, 좌안은 케 투르넬(Quai Tournelle)에서 케 볼테르(Quai Voltaire)까지 3킬로미터가량의 거리에 죽 들어서 있는 서점에서는 고서적과 옛날 잡지, 엽서, 그림 등을 판다. 부키니스트가 운영하는 약 900개의 매대에서 저마다 다른 분야의 서적을 만날 수 있다. 언제든 이동 가능한 이 야외 서점은 과거 귀족들의 전유물이던 책을 대중화하는 역할을 했고, 출판 검열과 언론 통제 속에서도 시민의 목소리를 이어가게 했으며, 오늘날에도 서점주의 성향에 따라 다양한 컬렉션이 존재한다.
움베르토 에코(Umberto Eco)가 숨겨진 보물들을 간직한 부키니스트의 책꽂이를 일컬어 '세계에서 가장 이상적인 도서관'이라 한 이유다. 500년이 넘은 전통을 이어가는 부키니스트는 임대료를 내지 않으며 주 4일 이상 문을 열면서 파리 시민들과 만난다.

INTERVIEW

"셰익스피어 앤 컴퍼니에는
사람들을 끌어당기는
무엇인가가 있죠!"

위대한 전통을 이어가는 서점주,
실비아 휘트먼

실비아 휘트먼은 과거의 영광에 머물기보다는 실비아 비치와 조지 휘트먼이 남긴
서점의 근본사상을 존중하면서도 서점의 기능을 새롭게 확장하고 싶어 한다. 서점 옆에 카페를 운영하고,
서점의 역사를 담은 책을 출판하는 등 변화를 고민해왔다.

셰익스피어 앤 컴퍼니의 초대 서점주인 실비아 비치는 어떤 인물인가?

1919년, 실비아 비치는 32세 때 파리에 와서 서점을 열고자 했어요. 서점을 열자마자 파리에 있는 미국 작가들을 위한 장소가 되었습니다. 제임스 조이스, 피츠제럴드, 헤밍웨이, 거트루드 스타인 등과 어울렸어요. 프랑스의 한 시인은 실비아를 미국, 영국, 아일랜드, 프랑스를 이어주는 대사라고 했습니다.

아버지인 조지 휘트먼은 실비아 비치의 뒤를 이어 셰익스피어 앤 컴퍼니 운영을 맡았다. 그의 운영 방식은 어떠했나?

아버지는 서점 운영과 관련해 실비아 비치에게서 많은 영감을 받았습니다. 아버지는 자신이 소설 속에 살고 있다고 생각하는 분이었죠. 표도르 도스토옙스키(Fyodor Dostoevsky)의 소설 〈백치〉를 좋아했고, 자신을 나스타샤 필립포브나를 기다리는 미슈킨 공작이라고 얘기하곤 했습니다. 정말 로맨틱한 분이었죠. 아버지는 서점의 공간을 구성할 때도 책꽂이 사이에 공간을 두어, 그 틈으로 다른 쪽에 서 있는 사람이 보이도록 해서 서로 소통할 수 있게 했습니다. 공간을 구성하는 데 있어서도 이런 로맨틱한 부분을 살렸어요.

셰익스피어 앤 컴퍼니의 3대 운영자로서 중요시하는 것이 있다면?

우리는 계속 공간을 바꾸고 확장하고 있습니다. 책을 위한 이상한 나라를 계속 이어가는 거죠. 아버지는 우리 서점 문을 열고 사람들이 들어오면 그들이 상상하는 세상으로 들어오는 거라고 하셨어요. 그리고 일상을 통해 이를 탐구하고 알아가는 거라고요.

텀블위드를 계속 유지하고 있는 이유가 있다면?

어린 시절을 서점에서 지냈던 저에겐 텀블위드들이 동화책이나 〈호빗〉을 읽어준 기억이 남아 있습니다. 텀블위드는 우리 서점의 가장 중요한 요소가 되었어요. 특히 오늘날 우리는 낯선 사람을 두려워합니다. 이민자나 난민에 대한 논의를 보면 인간 사이의 소통이 중요하다는 걸 계속 상기하게 됩니다. 인간 사이의 소통은 책에서 찾을 수 있어요. 아버지는 늘 저에게 "넌 외동이지만 전 세계에 수많은 텀블위드 형제자매들이 있다"고 하셨어요.

BACK TO THE BOOKS
FRANCE

VIOLETTE AND CO
비올렛 앤 코

ADD 102 Rue de Charonne, 75011 Paris
BUSINESS HOURS (화~토) 11:00~20:30 (일) 14:00~19:00 월요일 휴무
TEL 33-1-4372-1607
WEBSITE www.violetteandco.com

"서점은 사람들과 함께 만들어가는 곳입니다."

– 카트린 플로리앙, 크리스틴 르모인

파리의 골목골목에는 부키니스트처럼 자신만의 고유한 세계를 가진 독립서점이 많다. 특정 장르에 집중하거나 어떠한 주제를 이야기하기 위해 존재하는 서점들이다. 파리 바스티유에 2004년에 문을 연 비올렛 앤 코는 두 번째 사례에 속한다. 묻혀 있던 목소리들이 모이고, 조금씩 사회의 변화를 이끌어내고 있는 서점이다. 먼저 비올렛 앤 코Violette and Co라는 서점의 이름은 비올렛 르뒥Violette Leduc, 1907-1972과 깊은 연관이 있다. 비올렛 르뒥은 1940년대 낙태, 동성애 등 자신의 경험을 바탕으로 여성의 삶과 에로티시즘을 거침없이 표현했던 작가다. "유일한 이유는 아니지만 우리가 매우 존경하는 프랑스의 20세기 작가인 비올렛 르뒥에게 경의를 표하는 의미에서 비올렛 앤 코라고 이름을 지었습니다"라고 서점주 카트린 플로리앙Catherine Florian은 설명했다.

페미니스트, LGBT를 위한 서점의 탄생

비올렛 르뒥의 파란만장한 이야기는 영화로도 제작이 되었다. 영화 <비올렛> (2013)에서 에마뉘엘 드보스Emmanuelle Devos의 열연을 통해 르뒥의 삶을 엿볼 수 있다. 1940년대 철학과 지성을 바탕으로 여성 해방운동을 펼쳤던 시몬 드 보부아르와 교류하면서도, 그녀와 다르게 본능과 욕망을 표출하는 방식으로 여성의 존재를 각인시키는 이야기가 펼쳐진다. 1964년 자전적인 작품 <바스타드The Bastard>로 알려진 르뒥의 대표작은 <테레사와 이자벨Thérèse and Isabelle>로 두 소녀의 사랑을 다루고 있다. 원래는 1955년 소설 <래비지Ravages>에 실렸던 내용이지만, 금기를 깨뜨리는 은밀한 10대 소녀들의 성적인 관계가 보수적인 출판사의 검열로 인해 삭제된 후 1966년에 <테레사와 이자벨>로 출판되었다. 1968년에는 래들리 메츠거Radley Metzger 감독에 의해 영화화되었다. 2000년이 되어서야 비로소 완전하게 출간되면서 빛을 보았다.

서점주인 카트린 플로리앙과 크리스틴 르모인Christine Lemoine은 <테레사와 이자벨> 같은 소설을 통해 오늘날 레즈비언들이 고립되어 있지 않다는 것을 알려주고 싶었다.

카트린은 이 책에서 용기를 얻은 자신의 경험을 이야기했다. "<테레사와 이자벨>은 어린 제게 신선한 충격을 주었습니다. 당시 고립돼 있던 나는 레즈비언이라는 것이 수치스러워서 차마 말하지 못했어요. 지금의 어린 레즈비언들의 상황이 당시의 나와는 반드시 다르길 바랍니다."

그들이 서점을 계획하기 시작한 2003년 초, 파리에는 성소수자(LGBT) 서점이 하나밖에 남지 않았다. 당시 페미니즘, 성소수자를 주제로 한 서점을 내기로 한 것은 트렌드를 따라간 것이 아니었다. 그들은 처음부터 원했던 주제를 일관되게 다루었다. 스스로 사회와 여성에 대해 더 알아야 한다고 자문하는 여성들, 자신을 자신 있게 페미니스트나 퀴어라고 밝히는 많은 이들이 이곳을 방문했다. 문을 연 지 17년이 지난 지금, 비올렛 앤 코는 파리의 성소수자와 페미니즘 책방의 대표주자로 자리매김하고 있다. 주제에만 부합한다면 책의 종류는 어느 것이든 관계없다. 이론 위주의 전문 서적은 물론이고 가볍게 즐기면서 읽을 만한 라이트노블에서 순수예술, 스릴러, 잡지책까지 종류의 스펙트럼이 굉장히 넓다. 위안부 피해 할머니의 삶을 담은 한국의 만화도 있다. 서점에 진열된 책은 대부분 카트린과 크리스틴이 직접 읽고 선정한 책들이다. 선정의 가장 중요한 기준은 편견과 싸우는지의 여부에 달려 있다. 그렇게 점점 방대해진 이들의 셀렉션은 프랑스뿐 아니라 다양한 나라에서 벌어지는 여성 문제와 소수자들의 움직임까지도 허투루 여기지 않는다.

자유로운 목소리를 지닌 서점

시중에서 잘 판매되지 않는 책을 다룬다고 해서 비올렛 앤 코의 공간이 음침한 분위기는 아니다. 오히려 경쾌한 보라색(특정 젠더를 연상시키는 핑크와 블루를 섞은 색)을 주된 색채로 디자인 숍처럼 세련되게 꾸몄다. 지나갈 때마다 누구나 한 번쯤은 호기심을 갖고 편안하게 들어갈 수 있는 분위기다. 우연히 문을 열고 들어온 세계에서

* 서점 비올렛 앤 코는 성소수자와 페미니스트를 위한 책들을 소개하고 있다. 카트린과 크리스틴, 두 서점주에게 영감을 준 작가 비올렛 르둑의 삶은 영화 〈비올렛〉으로도 만날 수 있다.

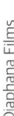
© Diaphana Films

* 비올렛 앤 코의 메자닌에 독자들이 모여 책과 사회에 대해 자유롭게 의견을 교환한다. 특히 누구나 자신의 목소리를 글에 담아낼 수 있는 글쓰기 워크숍이 인기가 높다.

조금 색다른 문학을 만나고, 정해진 사회적 역할(젠더)에 대한 궁금증을 불러일으키면, 그것으로 이곳의 목적은 달성된 셈이다. 콘셉트가 명확한 독립서점에서는 독자가 책에 대해 잘 아는 서점주의 도움을 받을 수 있고, 서점주는 독자들과 소통하며 트렌드를 읽고 반영하는 선순환이 일어난다. 80제곱미터의 작은 서점에는 메자닌mezzanine이라는 작은 공간이 있다. 독자가 함께 모여 자유롭게 의견을 나누는 공간이다. 작가와 독자의 만남, 독서클럽, 글쓰기 워크숍은 물론, 전시 등이 다양하게 열리고 있다. 특히 글쓰기 워크숍이 인기다. 하나의 주제에 대한 다양한 목소리가 모이면 생각의 깊이는 더해지고 사람들이 자기 목소리를 내는 데에 보다 자유롭게 된다. 이러한 행사를 꾸준히 지속한 덕분에 이제 비올렛 앤 코의 행보는 외롭지 않다. 책을 매개로 모인 목소리들은 점점 힘이 세졌고, 책에서 배운 내용을 토대로 사회의 변화를 이끌어내는 행동으로까지 이어지기 때문이다. 비올렛 앤 코를 좋아하는 팬과 지지자들이 많아졌다. 최근 몇 년간 남성 손님이 눈에 띄게 늘었다. 무엇보다 페미니즘에 관심을 갖는 젊은 남성들이 찾아오는 것은 고무적인 일이다. 카트린은 "평범한 독립서점이지만, 이곳에서 파는 책들을 통해 한 발 한 발 조금씩 전체적인 사고방식을 바꿔나가는 데 힘을 보태고 싶다"며 서점주로서의 포부를 밝혔다.

BACK TO THE BOOKS

FRANCE

LIBRAIRIE AUGUSTE BLAIZOT

오귀스트 블레조

ADD 164 Rue du Faubourg Saint-Honoré, 75008 Paris
BUSINESS HOURS (화~토) 10:00~19:00 일, 월요일 휴무
TEL 33-1-4359-3658
WEBSITE www.blaizot.com

"오귀스트 블레조는 책의 궁전입니다."

- 클로드 블레조

샹젤리제 거리에서 살짝 비켜나 있는 몽소 공원 인근은 19세기 이후 부유한 전문직 종사자의 거주지였다. 이들의 고급 취향을 위한 명품 패션 하우스와 갤러리 등이 즐비한 포부르 생토노레 거리에 지식의 보물창고 하나가 숨어 있다. 19세기부터 4대째 이어 운영하고 있는 오귀스트 블레조 서점이다.

마르셀 프루스트Marcel Proust, 1871-1922가 살던 집과 가까이에 위치한 이 서점은 파리 좌안의 소박하고 생기발랄한 서점들과 달리 진열장부터 고급스럽고 화려하다. 문을 열고 들어선 실내는 마치 지독한 애서가를 자부하는 19세기 귀족의 서재 같다. 품격을 뽐내는 짙은 고동색 책장과 나무 사다리, 아름다운 양장본들은 이곳에서 한 권 한 권이 남다른 가치를 지니고 있음을 알려준다. "사람들이 서점에 들어오면 여기에서만 느낄 수 있는 분위기가 있습니다. 시간여행을 하는 것 같죠. 우리 서점을 보며 분위기가 특별하다고 말해요. 여기에서는 시간이 멈춰 있어요. 이른바 책의 궁전입니다. 천일야화의 궁전이 아니라 천일서적의 궁전인 셈입니다"라고 클로드 블레조Claude Blaizot는 서점을 소개했다.

4대째 이어가는 명품 서점

오귀스트 블레조 서점의 전신은 1840년 파리 2구에 있던 작은 도서가판대였다. 1853년 가판대가 서점으로 바뀐 후 1877년 에밀 르캉피옹Emile Lecampion이 서점에 합류했다가 1902년 그의 조카 오귀스트 블레조Auguste-Charles Blaizot, 1874-1941가 인수하고 1905년부터 지금과 같은 서점의 이름과 전통을 지니게 되었다. 오귀스트 블레조는 부유한 고객들을 상대로 하는 만큼 전문성의 수준을 높이고, 희귀한 판본의 거래를 알선하며 입소문을 타기 시작했다. 전문성을 인정받아 레종 도뇌르 훈장을 받기도 했다. 이후 1928년 현재 위치인 포부르 생토노레 거리로 이전하면서 오귀스트 블레조는 파리 애서가라면 필히 들러야 할 서점이 되었다. 도서 판매 전문가로 정부의 인정을 받은 오귀스트 블레조의 방식을 고수하겠다는 의미에서 그의 이름을 서점 이름으로 계속 사용하고 있다. 오귀스트의 뒤를 이어 그의 아들 조르주가 운영을 맡았고, 1974년부터 현재까지는 손자인 3대 서점주 클로드 블레조가 자신의 아들 폴과 함께 서점을 책임지고 있다.

 손님들로 붐빌 일이 거의 없는 이 공간에서 책을 만나는 일은 하나의 예술작품, 혹은 명품 가방을 고르는 기분이다. 누워 있거나 쌓여 있는 책은 없고, 마음에 드는 책을 들춰 보고 있으면 직원이 와서 해당 책과 작가에 대한 이야기를 들려준다. 진열대에서 가장 많은 비중을 차지하고 있는 책은 프랑스 문학과 예술 서적이다. 특별히 고객이 원하는 서적이 있으면 경매 등을 통해 위탁 구매도 한다.

전통을 간직한 서점의 존재감

오귀스트 블레조의 탁월한 컬렉션은 지하 비밀의 공간에 숨어 있다. 책꽂이로 가장한 문을 열고 계단을 내려가면, 서점의 가장 중요한 보물이 등장한다. 19세기에서 21세기에 이르는 프랑스 작가들의 오리지널 에디션을 비롯해 일반 판형으로 된 파블로 피카소^{Pablo Picasso, 1881-1973}, 호안 미로^{Joan Miró, 1893-1983}, 앙리 마티스^{Henri Matisse, 1869-1954} 등의 책들이다. 무엇보다 최상의 상태로 보관한 책이라는 점에서 더욱 놀랍다. 컬렉터 사이에서 고액에 거래될 정도로 희귀한 판본인 1759년에 발행된 볼테르^{Voltaire, 1694-1778}의 <캉디드^{Candide}> 초판본 등을 만날 수 있다. 클로드 블레조는 이 책들을 100년, 200년이 지나도 마치 새 책처럼 변형 없이 보관하기 위해 제본에도 굉장히 공을 들인다. 진귀한 책을 복원하고 그에 맞는 장식 제본으로 책의 가치를 더하는 것이 오귀스트 블레조의 전통이기 때문이다. 고서점연합회를 이끄는 클로드는 장인 수준의 제본가들과 협업했으며 제본 기술자들의 단체에서 직책을 맡아 활동했다. 그가 현대 제본술에 얼마나 열정적으로 몰입해 있는지는 예술가 폴 보네^{Paul Bonet, 1889-1971}의 제본에 찬사를 보낼 때 자연스럽게 드러난다. "프랑스의 장식 제본은 전 세계에서 가장

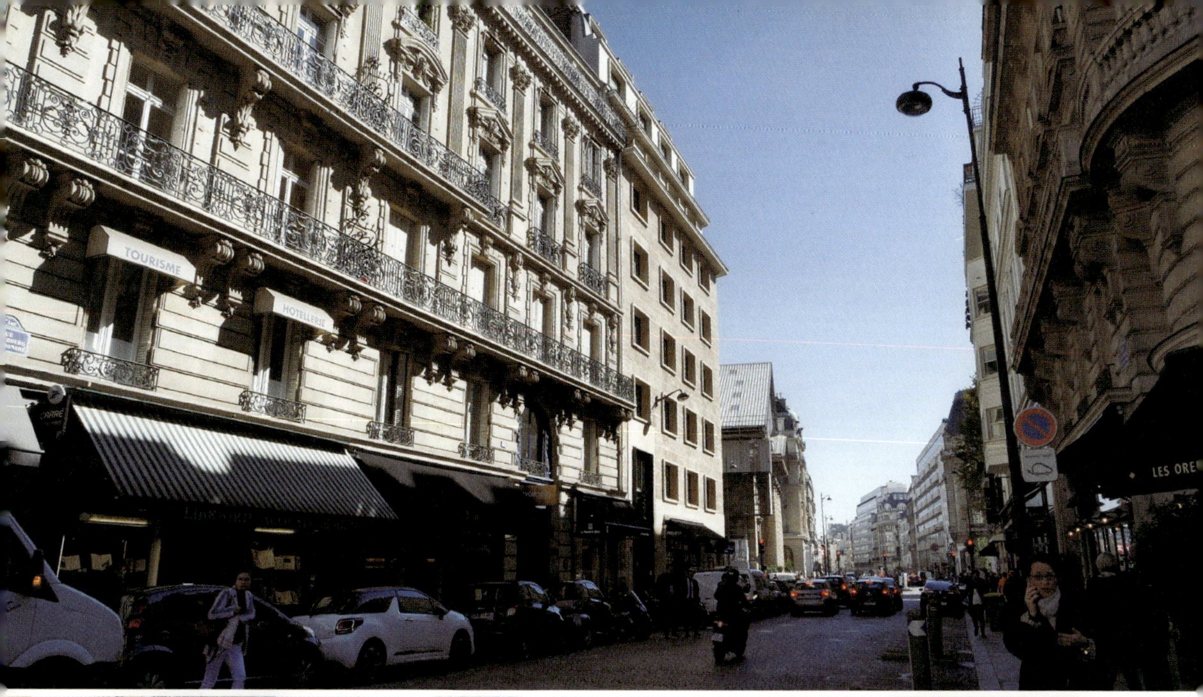
TOURISME
HOTELLERIE

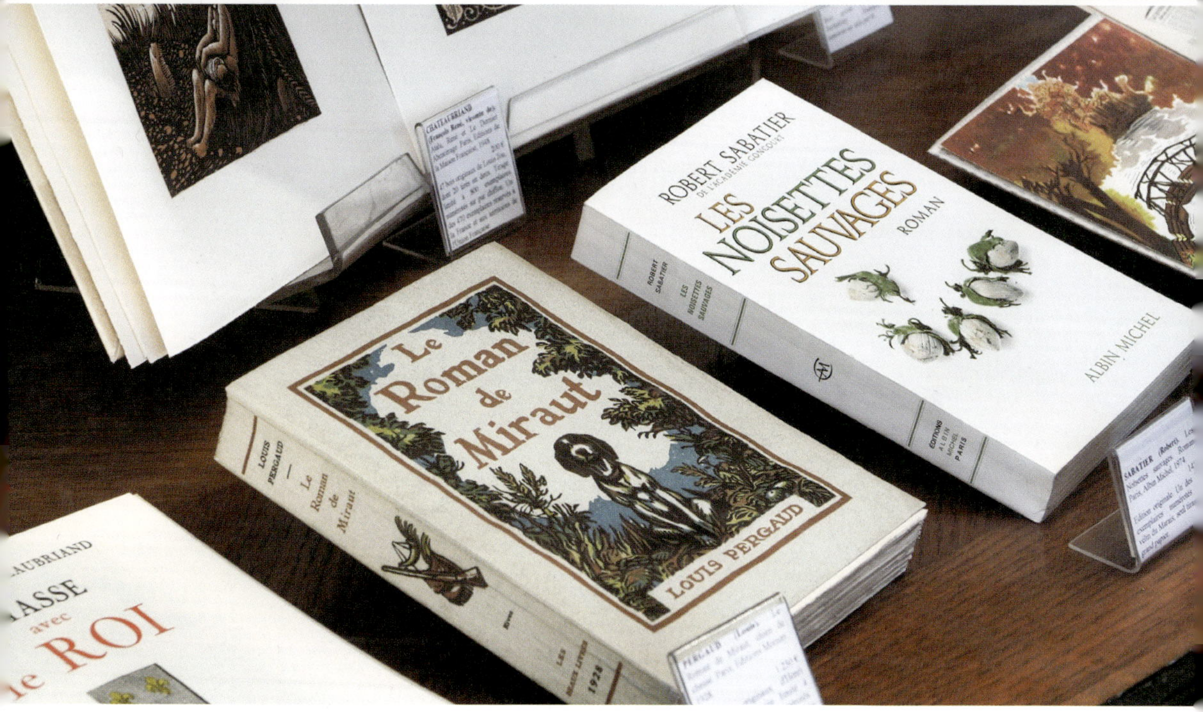
ROBERT SABATIER
DE L'ACADÉMIE GONCOURT
LES NOISETTES SAUVAGES
ROMAN
ALBIN MICHEL
Le Roman de Miraut
LOUIS PERGAUD

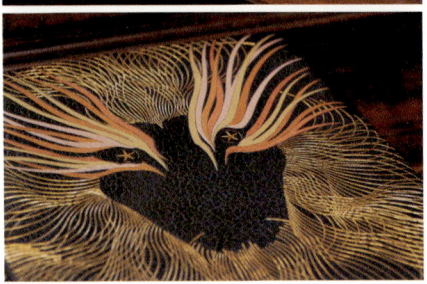

* 오귀스트 블레조의 서가에는 고서뿐만 아니라 수작업으로 제본한 아름다운 책들이 즐비하다. 특히 복원과 제본을 통해 책의 가치를 유지하는 것이 오귀스트 블레조만의 전통으로 자리 잡았다.

* 서점 내부는 짙은 고동색 서가와 가구가 품격을 더한다. 수십 년 동안 변화 없이 옛 스타일을 고수해왔다는 것을 직감할 수 있다. 어디를 둘러봐도 세월을 머금은 고서들이 이곳에서 살아 숨 쉬고 있다.

아름답습니다. 특히 폴 보네의 메탈 제본은 제본계의 피카소로 여겨집니다. 희귀하고 높이 평가받는 작품이기 때문에 도서관이나 박물관에 보관되어 있습니다." 이렇듯 제본 장인들과 친분을 맺고 이들의 이름을 널리 알리는 것 역시 그에게는 소중한 즐거움이다.

"우리 서점을 계속 찾는 이들은 자신의 서재를 만들고자 합니다. 독서 자체를 위한 것보다 보여주는 서재의 성격이 더 강합니다"라고 4대 서점주 폴 블레조 Paul Blaizot는 귀띔하지만, 오귀스트 블레조는 그 이상의 긍정적인 효과를 낳고 있다. 한 세기를 훌쩍 넘는 시간 동안 서점의 전통과 분위기는 고스란히 유지되고 있다. 매번 새로운 주제로 구성하는 컬렉션 덕분이다. 거리에서 고객의 시선을 붙드는 진열대는 동시대 트렌드나 사회적 이슈에 맞는 주제로 매달 혹은 분기별로 변화한다. 예를 들어 팬데믹으로 제약이 많았던 2021년에는 '코로나 시대의 유머' '자연과 함께하는 삶' 등의 주제로 19~21세기 작가들의 책을 선정해 진열했으며, 도쿄 올림픽 기간에는 '스포츠와 문학'이라는 주제로 희귀한 장서들의 컬렉션을 선보였다. 대량 생산과 인터넷을 통한 저가 경쟁이 치열해진 서점가에서 오귀스트 블레조는 책의 또 다른 본질, 즉 물성으로서의 가치와 의미를 존중하고 있다.

BACK TO THE BOOKS

JAPAN

일본인들에게 서점은 단순히 책을 사고파는 공간이 아니다. 세상의 모든 지혜와 수많은 꿈이 숨 쉬는 곳이다. 서점은 책의 시간과 사람의 삶이 공존하는 기억의 집, 마음의 집, 그리고 꿈을 잇는 미래의 집이다. 도쿄 오모테산도의 크레용하우스, 긴자의 모리오카서점, 간다 진보초의 잇세이도서점과 북하우스 카페에서 아름다운 사람들의 이야기를 만나보자.

빛나는 책의 나라

BACK TO THE BOOKS

JAPAN

CRAYONHOUSE

크레용하우스

ADD 東京都港区北青山3-8-15
SUBWAY 오모테산도역(A1 출구)에서 도보 5분
BUSINESS HOURS 11:00~19:00 연중무휴(연말연시 제외)
TEL 81-3-3406-6308
WEBSITE www.crayonhouse.co.jp

"어른들만의 의견이 아니라 어린이와 함께 논의해
만들어나가자는 생각에서 크레용하우스를 만들었습니다."

- 크레용하우스 서점주 오치아이 게이코

오모테산도의 명문서점

일본의 심장, 도쿄의 오모테산도表参道는 느티나무 가로수길을 따라 세계적인 명품 브랜드들이 끝없이 이어져 있다. 도쿄의 샹젤리제로 불리는 이곳은 명품숍뿐만 아니라 트렌디한 레스토랑과 카페, 디자인 갤러리 등이 있어 패션을 사랑하는 젊은 여성들이 여유롭게 쇼핑을 즐기기에 적합하다. 또한 안도 다다오安藤忠雄가 설계한 오모테산도 힐스를 비롯해 SANAA(세지마 카즈요妹島和世와 니시자와 류에西沢立衛), 헤어초크 앤 드 뫼롱Herzog & de Meuron 등이 설계한 유명 건물들을 만날 수 있다. 프리츠커 건축상을 수상한 건축가들의 작품이 거리를 수놓고 있어 건축가의 거리로도 각광을 받고 있다. 이 거대한 도심의 빌딩 숲 한복판에서 앞만 보고 달리는 도시의 시간과는 다르게 천천히 다른 시간을 향해 흐르는 곳을 만날 수 있다. 화려한 패션과 건축의 거리에서 이방인처럼 도심 한자리를 45년 동안 지키고 서 있는 크레용하우스다.

어린이 전문서점, 크레용하우스

크레용하우스의 편안함은 책장이 아니라 입구의 작고 사랑스러운 정원에서 시작된다. 책보다 먼저 고객을 반기는 꽃들을 손수 가꾸어온 주인공은 크레용하우스의 서점주 오치아이 게이코落合恵子다. 일반 가정집에서 반가운 손님을 맞이할 때 집 안에 꽃을 장식하는 것처럼 서점 안팎에 식물이 풍성하면 더 정성스럽게 고객을 맞이할 수 있다는 생각으로 직원들과 함께 화단을 열심히 가꾸고 있다. 아침 일찍 이곳을 방문했을 때 그녀와 직원들이 화분갈이를 하거나 꽃모종을 옮겨 심는 모습을 보게 된다고 해도 이상할 것은 없다. "꽃은 사람이 키운다고 말하지만 사실 식물은 스스로 자라는 힘을 가지고 있어요. 어떤 의미로는 아이와 같습니다. 식물을 대하는 것이 저에겐 기쁨이고 안도감을 느끼는 순간입니다. 천천히 지나가는 시간의 소중함을 식물을 통해서

JAPAN

- 크레용하우스의 입구에는 늘 고객을 맞이하는 꽃이 있다. "어서 오세요"라고 인사할 때 식물이 있으면 멋질 것 같다는 서점주 오치아이 게이코는 직원들의 도움을 받아 꽃을 키우고 있다. 식물을 소중히 여기는 그녀는 원예가를 꿈꾸기도 했다.

배웁니다. 아이를 키우는 것과 닮았죠. 빨리 키워서 빨리 사회에 적응하라고 어른들은 말하지만 한 아이가 자라는 속도와 저력을 믿어주는 것도 소중하다고 생각합니다."
식물을 아이와 비교해 설명하는 오치아이는 어린이 전문서점 크레용하우스를 45년 동안 운영해왔다. 크레용하우스라는 예쁘고 깜찍한 이름은 크레용에서 따왔다. 어린이가 처음 손에 잡고 자신을 표현하는 도구는 으레 연필이나 붓이 아닌 크레용이다. 크레용은 보통 그림을 그리거나 이름을 쓰는 등 자신을 표현할 수 있는 가장 초보적인 도구다. 아이가 자신의 생각을 그린다는 것은 자신의 삶을 그린다는 의미이기도 하다. "무언가를 그리는 것, 눈앞의 것을 그리는 것, 미래를 그리는 것, 꿈을 그리는 것이 모두 해당되죠. 이때의 도구는 크레용이었습니다. 그러한 크레용이 많이 있는 집이란 뜻에서 크레용하우스라고 지었습니다. 동시에 이름뿐만 아니라 어린이가 '태어나기를 잘했다'고 생각할 수 있는 시대와 사회를 만들고 싶었습니다. 그런 시대와 사회를 어른들만의 의견이 아니라 어린이와 함께 논의해 만들어나가자는 생각에서 크레용하우스를 만들었습니다."

 1976년 12월 문을 연 크레용하우스는 전 세계 유명 그림책을 구비한 일본 최대의 그림책 전문서점이다. 1층은 그림책과 아동 서적을 판매하는 어린이책 전문점이다. 할머니나 어머니가 아이의 손을 잡고 와서 그림책을 고르게 하는 모습을 쉽게 볼 수 있다. 손주들이 좋아하는 책을 직접 사주는 할머니의 모습은 바라보는 이들에게도 따뜻한 마음이 그대로 전달된다. 고객들 중에는 자신이 어릴 적에 읽던 동화책을 손자나 손녀가 읽으면 옛날이 그리워진다고 말하며 회상에 잠기는 경우가 종종 있다. 시어머니를 모시고 서점을 방문한 며느리가 다정하게 아이에게 줄 그림책에 대해 알콩달콩 이야기를 나누는 모습을 보면 고부갈등은 상상할 수 없을 정도다. 이 가족은 동화책을 통해 같은 추억을 공유하고 함께 만들어가고 있다. 실제로 크레용하우스와 함께 성장한 많은 어린이들이 세월이 흘러 나이를 먹고 부모가 되고 또 조부모가 되어서 3대가 함께 놀러 오는 일이 적지 않다. 그림책 담당으로 일하는 직원에게도 크레용하우스는 어머니와의 추억이 깃든 곳이다. 크레용하우스에서 엄마 손을 잡고 그림책을 보던 소녀가 자라서 어느새 아이들에게 그림책을 소개하는 직원이 되었다는 사실만으로도 이곳이 어떤 서점인지를 짐작하게 한다.

복합문화공간, 스스로 진화하는 서점

1층은 어린이책 전문점이지만 나이와 관계없이 그림책을 좋아하는 사람들이라면 모든 연령대가 읽을 수 있는 책들로 구성되어 있다. 2층은 나무 장난감 전문점으로 완구 매장이 있다. 이곳은 서점이라기보다는 놀이터와 같다. 아이들이 좋아하는 장난감과 감성 어린 문구류들로 가득 차 있다. 주로 취급하는 장난감은 나무로 만든 장난감인데, 아이들의 상상력을 높여주고 입에 닿아도 안심할 수 있는 친환경 장난감을 중심으로 취급한다. 3층은 미즈 크레용하우스 코너다. 유기농 화장품 및 여성 서적 전문점이다. 페미니즘, 의료, 성폭력, 교육 등 다양한 분야의 여성학 도서와 함께 해외 여성 작가의 숨은 서적들을 눈에 띄게 배치해놓았다. 남녀평등과 여성의 자립에 관한 전문서적을 만날 수 있다. 또한 천연 화장품과 자연 비누를 비롯해 무농약 유기재배 면으로 만든 여성 의류와 아기 옷도 판매하고 있다. 이 중 상당 부분은 서점주 오치아이 게이코가 직접 디자인한 옷이다. 중년을 위한 브랜드가 목표였지만 심플한 스타일로 두루두루 입을 수 있는 옷을 추구하다 보니 어느 연령대에도 잘 어울리는 의류다. 성인용 유기농 면 의류를 디자인해서 제품으로 만든 것은 단순한 이유였다. 그녀가 입고 싶은 옷을 좀처럼 만나지 못한다는 아쉬움에서 출발했다. "디자인을 배워본 적은 없습니다. 큰 도화지에 크레용으로 그림을 그리는 것밖에는 없습니다. 이를 바탕으로 진행되었죠. 그 당시의 테마는 확실히 없으면 만들자, 어디에도 없다면 내가 만들겠다는 의미였습니다." 궁극적으로는 유기농 면 소재로 오랫동안 아껴 입을 수 있는 옷을 만드는 것이 목표다. 마음에 드는 물건을 소중히 아껴 쓰자는 메시지, 즉 소비의 시대를 벗어나고자 하는 바람이 담겨 있다.

* 크레용하우스 1층은 어린이책 전문점으로 부모와 함께 온 아이들이 그림책을 고르는 모습을 쉽게 볼 수 있다. 아이들이 편안하게 그림책을 볼 수 있는 분위기가 조성되어 있다. 그림책은 아이와 어른 모두에게 환영받는다.

* 2층 나무 장난감 전문점에는 문구류와 아이들이 좋아하는 장난감으로 가득 차 있다. 이곳은 장난감을 갖고 놀 수 있는 아이들의 놀이터다. 아이의 입에 닿아도 문제가 없는 친환경 장난감만 판매할 정도로 엄격하게 관리한다.

• 3층 미즈 코너에는 오치아이 게이코가 직접 디자인한 제품이 있다. 성인용 유기농 면 의류를 디자인해 제품으로 만드는 일은 그녀의 가치관과 생활 방식이 담긴 도전이었다. 유기농 면의 순기능을 알리고 싶은 바람이 담겨 있다.

* 크레용하우스는 단순히 그림책만 보는 곳이 아니다. 특히 주부들에게 인기 있는 곳은 유기농 음식 레스토랑과 유기농 식품점이다. 유기농 식자재로 만든 음식을 아이들과 함께 편하게 맛볼 수 있다.

옷뿐만 아니라 작은 물건 하나에도 아이들의 미래를 생각하며 만든 오가닉 소재의 친환경 제품으로 가득하다. 환경을 생각하는 오치아이의 철학이 담긴 제품들이다. 농약과 화학비료를 사용하지 않는 것이 어떻게 환경을 살리고, 유기농 면은 알레르기를 지닌 사람도 마음 놓고 입을 수 있다는 사실을 알리고 싶어 한다. 그녀가 유기농 면에 집착하는 것은 그럴만한 이유가 있다. 사회가 올바른 방향으로 나아가도록 힘을 보태려는 마음이다. "오가닉 제품은 여행할 경우 어쩔 수 없이 더럽혀져서 세탁을 하더라도 이렇게 바로 펴주면 됩니다. 오가닉 제품을 늘리는 것은 가난한 지역을 줄이는 일에 도움이 됩니다. 오가닉 밭을 넓히는 것은 평화를 위한 운동으로 연결됩니다. 유기농법으로 바꿀 수 있는 곳이 엄청나게 많습니다. 저의 바람은 오키나와의 미군기지 일부분을 오가닉 밭으로 바꾸는 것입니다."

크레용하우스가 어린이책 전문점에 머물지 않고, 오늘날처럼 복합문화공간이 된 데는 오치아이의 도전 정신이 크게 작용했다. 크레용하우스 같은 공간이 없던 시절에 "정말로 있었으면 좋겠는데 아무 데도 없네, 그렇다면 내가 만들자"는 단순한 이유로 과감하게 서점을 오픈했다. 그녀의 진취적이고 긍정적인 사고, 즉 없으면 내가 만든다는 방식이 결국에는 여성 서적 전문점 미즈 크레용하우스로 시작해 친환경 장난감, 유기농 성분의 화장품과 유기농 면 소재의 옷으로 이어졌다. 그런 사고의 확장은 지하 공간에서도 엿볼 수 있다. 오치아이의 생각을 선명하게 만날 수 있는 곳은 특별한 지하 레스토랑이다. 유기농 음식 레스토랑 '광장広場'은 단지 식사를 하는 공간이 아니라 동시대 사람들과 함께 고민할 다양한 주제를 소통하는 문화 공간이다. 식당의 모든 요리는 전국 각지에서 친환경 농산물 생산자들이 직송한 유기농 식자재만을 사용하고 식당 옆 유기농 식품점에선 직접 신선한 재료를 구입할 수 있다. 식당 안에는 엄마와 아기들의 모습도 볼 수 있다. 식당의 인기 비결은 유기농 식단의 건강한 맛뿐 아니라 엄마와 아이 그리고 가족 모두가 편안하게 즐길 수 있는 특별한 배려에서 나온다. 크레용하우스를 방문한 한국인들에게 지하의 레스토랑과 유기농 식품점이 인기 있다는 이야기도 들을 수 있었다.

세상과 소통하는, 열려 있는 서점

유기농 식사를 즐겼던 레스토랑은 주말이면 종종 서점 직원들의 노련한 솜씨로 재빠르게 변신한다. 식탁이 치워진 공간을 의자로 채운 후 행사 준비를 마친다. 광장은 이렇게 자주 강연장으로 변하고, 세상과 사회를 이야기하는 광장이 된다. 동일본대지진(2011년 3월 11일)과 후쿠시마 원전 사고를 계기로 2011년 5월부터 매달 한 번씩 '원전과 에너지에 대해 배우는 아침 교실 Morning Study of Silent Spring' 강좌가 진행되어왔다. 사회 각 분야의 전문 인사 100여 명이 아침 교실을 통해 강연을 펼쳤다. 그동안 크레용하우스는 단순히 서점 공간을 넘어 동시대를 살아가는 사람들이 미래 세대를 위해 함께 고민을 나누는 작은 소통의 장 역할을 해왔다. 2021년 11월, 126회 아침 교실에서는 9년 동안 원전 사고 처리 현장의 일들을 기록해 <후쿠시마 원전 작업원 일지>를 출판한 도쿄신문 기자 가타야마 나쓰코 片山夏子의 강연회가 후쿠시마의 부흥을 주제로 열렸다.

　광장의 좌석을 가득 메울 정도로 독자들에게 인기가 높은 것은 '어린이 그림책 학교'다. 크레용하우스가 문을 연 이래, 30년이 넘게 독자들을 가깝게 연결해온 어린이 그림책 학교는 남녀노소 누구에게나 열려 있는 시민들의 평생학교가 되어왔다. 실제로 많은 성인이 나이를 잊은 채 하나 되어 즐기는 것을 볼 수 있다. 방문한 작가는 하세가와 요시후미 長谷川義史로 일본그림책상 수상 등 화려한 수상 경력에 빛나는 일본인이 가장 좋아하는 그림책 작가 중 한 사람이다. 자신이 창조한 인기 캐릭터를 그리면서 설명하는 것은 물론이고 직접 우쿨렐레를 연주할 정도로 에너지 넘치는 강연을 펼쳤다. 하세가와 요시후미는 1961년 오사카 출생으로 <배짱 할머니의 죽>이 고단샤 출판문화상 그림책상, <내가 라면을 먹고 있을 때>가 일본그림책상을 받았다. 국내에서도 <괜찮아요 괜찮아> 시리즈 등이 소개되어 인기를 모았다. 현재 어린이 그림책 학교는 31기가 진행 중이다. 2021년 10월에는 <도모 どーも> 출간 기념으로 다니카와 슌타로 谷川俊太郎와 아다치 노리후미 足立典史의 대담이 성황리에 진행되었다.

도쿄와 오사카점에서 매월 한 번씩 개최되며, 국내에도 그림책 <흰 고양이 검은 고양이> <왜 좋은 걸까?>가 소개된 기쿠치 치키菊地知己, <과일이 툭!> <채소가 쑥!>의 작가 그룹 투페라 투페라의 가메야마 데츠야亀山達矢 등 유명 동화작가들이 참여한다. 도쿄 본점을 방문한 하세가와 요시후미는 2022년 2월에 오사카 분점을 찾을 예정이다. 어린이 그림책 학교가 이토록 열기를 띠는 것은 그림책이 지닌 잠재력 덕분이다. 그림책은 어른이 되어도 즐겁게 읽을 수 있다. 어른에게도 위안을 준다. 이렇듯 아이들의 동심을 키워주는 그림책의 집이자 어른들의 잃어버린 동심을 일깨워주는 마음의 학교가 크레용하우스다.

괜찮은 어른으로 살고 싶은 오치아이 게이코

"아무리 아름다운 바다를 그린 그림책이 있다고 해도 현실적으로 방사능에 오염되지 않은 바다를 남겨주고 싶습니다. 그림책에 남김으로써 끝난 것이 아니라 현실 사회를 바꾸어가는 하나의 디딤판으로서의 책도 중요하다고 생각합니다. 책에 그려져 있는 세계가 그것으로만 끝나지 않게 하는 데에 책의 존재 이유가 있습니다." 오치아이 게이코는 꾸준히 반핵 운동, 반전 운동, 차별반대 운동을 펼치고 있다. 오키나와 군사기지 반대 운동뿐만 아니라 역사를 왜곡하는 아베 신조에게 위안부 문제를 제대로 해결하라는 발언을 주저하지 않았다. 그녀는 후쿠시마 원전 사고를 계기로 원전이 필요 없다는 생각에 이르렀다. 과연 원전이 우리에게 꼭 필요한가, 현재를 살고 있는 우리와 앞으로 태어날 아이들이 원전과 함께 살아가는 것이 가능한가에 대해 질문하고자 집회를 시작했다. 오치아이는 2011년 6월에 시작한 '사요나라 원전 1000만 명 행동' 운동의 발기인이자 9명의 호소인 중 한 사람이었다(호소인으로는 소설가 오에 겐자부로大江健三郎, 작곡가 사카모토 류이치坂本龍一 등이 참여했다). 모두 모여 원전과 작별하고 바른 시대에 맞는 사회와 경제의 모습을 생각하자는 취지였다.

- 원자력발전소 건립 반대를 위한 집회에 참여한 오치아이 게이코는 시민들과 함께 한목소리로 원전 반대를 외쳤다.
주말에 크레용하우스에서 열리는 '원전과 에너지에 대해 배우는 아침 교실'이나 '어린이 그림책 학교'는 좌석을 가득 메울 정도로 인기가 높다.

그녀는 체르노빌 원전 사고 때에도 반대 목소리를 냈지만 큰 영향을 끼치지 못해서 후회하는 마음에 더욱 열심히 참여했다.

요요기 공원代々木公園에서 원자력발전소 건립 반대를 위한 10만인 집회가 열린 날에도 오치아이 게이코를 만날 수 있었다. 다음 세대의 생명을 강조하고 평화 사상을 실천해온 그녀는 사회가 소중히 여겨야 할 가치를 지켜내는 일에 늘 앞장서 왔다. 집회가 끝날 때까지 오치아이는 시민들과 함께 한목소리로 원전 반대를 외쳤다. "고통스러운 삶을 살고 싶은 사람은 한 명도 없다는 것을 이곳에서 목소리를 높여 외칩시다. 우리는 언제까지 침묵하는 시민으로 살아야 합니까?" 그녀의 이런 열정과 원동력은 어디서 나오는 것일까? 그녀의 2015년 에세이 <어른의 끝맺음おとなの始末>에서 "누군가를 위해서가 아니라 '나를 위해' 나는 목소리를 높인다. 이상한 일에 '이건 아니다'라고 말할 수 있는 어른으로 살고 싶다. 내가 목소리를 내는 건 달리 말하면 나 자신을 배신하지 않기 위해, 그리고 자신에게 실망하지 않기 위해서이다"라고 밝혔다.

오치아이 게이코는 1945년 도치기현栃木県에서 한 정치인의 혼외 딸로 태어났다. 그녀의 어머니 오치아이 하루에는 홀로 어린 딸을 키우기 위해 밤낮없이 일을 해야만 했다. 일을 나간 어머니를 기다리며 어린 오치아이가 할 수 있는 유일한 일은 허름한 아파트 계단에 앉아 동화책을 읽는 일이었다. 그러던 어느 날, 어린 오치아이는 어머니가 청소 일을 하는 것을 알고 그 사실이 부끄러웠다. 어머니는 청소 작업장으로 데려가서 청소하는 모습을 보게 하고, 끝날 무렵 "청소하는 직업이 어디가 부끄러우니?"라고 조용하게 물었고 그녀는 대답을 할 수 없었다. 자신 안에도 차별이란 편견이 있다는 것을 깨달았다. 편견을 깨는 어머니의 가르침에 큰 깨달음을 얻은 오치아이는 1967년 일본 문화방송 아나운서로 활동하다 1974년 퇴직을 결심했다. 당시 언론이 자신을 발기발기 찢었다고 고백할 정도로 상처를 받았다. 부당한 문제로 여성이 이의를 제기하면 시끄럽다고 구박하던 시대였다. 그런 경험은 그녀에게 언론매체와 인권에 대해 생각하는 계기를 마련해주었다. 1973년부터 1976년까지 에세이집 <한 스푼의 행복スプーン一杯の幸せ> 시리즈를 내놓으며 전업 작가의

길을 걸었다. 여성이 일상 속에 직면하는 다양한 문제를 테마로 창작 활동을 펼치며 유명작가 반열에 오른다. 책의 인세는 그녀가 서점을 열 수 있는 기반이 되었다.

오치아이는 서점을 열기 전, 방송국에 근무하던 시기에 취재 여행을 유럽이나 미국으로 다녔다. 그곳에 가면 동네에 어린이 전문서점이 있었다. 작은 테이블에서 어른과 어린이, 또는 어린이끼리 교육, 환경, 인권 등에 대해 서로 이야기를 나누며 책 읽는 것을 보았다. 그런 서점이 일본에 있으면 좋겠다는 바람을 가지게 되었다. 각 자치단체에 제안을 해보니 건물은 지을 수 있지만 소프트웨어적인 면에서 공감해주는 사람이 적었다. 인세를 뭔가 좋은 곳에 사용해야 한다는 생각에, 아이들이 놀러 올 수 있고 토의가 가능하고 미래에 대해 논의를 할 수 있는 그런 공간을 꿈꾸었다. 그곳에 자신이 좋아하는 그림책을 놓고 싶었다. 이것이 크레용하우스의 출발점이었고, 45년 전 열 평 남짓한 작은 공간에서 7명의 직원과 시작했다.

"어린이를 사랑하는 것, 자신의 인생을 소중히 여기는 것이 대단히 중요하다. 어린이용의 아름다운 그림책 진열 판매대에도 전쟁을 반대하는 내용을 담은 책을 진열해놓았다. 그런 의미에서 일종의 종합서점은 아니라고 생각한다. 그 길을 45년 동안 걸어왔다." 1976년 서점을 창립할 무렵, 일본 사회에 레이첼 카슨^{Rachel Carson, 1907-1964}의 1962년 책 <침묵의 봄^{Silent Spring}>이 많은 영향을 미쳤다. 전 세계의 환경 문제에 대해 고발한 책이다. 이 책이 처음 출간되었을 때만 해도 환경이라는 말이 낯설었고, 전후 과학기술에 대한 맹신이 존재했다. 그러한 분위기 속에서 이 책은 한 개인이 사회를 어떻게 바꿔놓을 수 있는지 보여주는 좋은 사례가 되었다. 레이첼 카슨의 노력은 마침내 미 연방 정부 차원의 규제를 요청하는 시민운동을 이끌어냈다. 학력 중시 풍조가 만연한 시절, <침묵의 봄>에 감명을 받은 오치아이는 한 명 한 명의 어린이의 삶이 환경 문제에 해당한다고 생각했다. 어떤 어른이 옆에 있느냐에 따라 어린이의 인생이 크게 바뀔 수 있기 때문이다. 그런 의미에서 자신의 주위에 있는 어린이들이 자연스럽게 자신을 표현하고 존엄성을 인정받고, 자신을 가꿔나갈 수 있도록 돕는 어른이 되고 싶었다.

크레용하우스의 유별난 그림책 사랑

크레용하우스의 직원들은 매달 한 번씩 그림책 신간 회의를 갖는다. 새로 나온 그림책을 담당 직원이 전부 읽고 차례대로 자신의 의견을 발표하는 과정을 거친다. 신간 회의에서 중요시하는 것은 '아이가 읽었을 때 어떤 느낌일까' '어디서 재미있어 할까'라는 아이의 관점에서 책을 선정하는 것이다. 즉 그림책 선별의 첫 번째 기준은 아이들의 눈높이다. 100권이 넘는 그림책 중에서 선정된 스무 권 남짓의 책이 그달의 신간서적 코너에 진열된다. 이렇게 나름의 까다로운 과정을 통해 엄선된 그림책들은 크레용하우스와 운명을 함께한다. 여기까지의 과정만 들으면 웬만한 서점과 다르지 않다고 판단할 수 있다. 하지만 크레용하우스의 신조는 매입한 책은 절대 반품을 하지 않는다는 데 있다. 직원들이 다 읽고 좋다고 선정한 책은 끝까지 책임지고 판매한다는 취지다. 서점주 오치아이의 철학은 직원들이 도서관의 사서 역할을 해야 한다고 주장하는 데서 엿볼 수 있다. 책에 대해 많이 아는 것은 물론이고 직원들이 선택한 책에 책임감을 갖도록 서점에 들여놓을 물량의 권한을 직원에게 준다. 책의 반품이 얼마나 고통스러운 일인지 잘 알고 있는 오치아이가 반품을 하지 않는 것은, 일본 책의 유통 구조에 대해 이의를 제기하기 위함이다. 어린이 책들을 전문서점에 보내는 작은 유통회사를 만들어 직접 운영하기도 한다.

크레용하우스는 그림책 전문서점에 안주하기보다는 다니카와 슌타로, 고미 타로五味太郎 같은 대가들의 그림책을 지속적으로 출판해왔다. 동일본대지진에 관한 동화책을 포함해 여러 책에도 관심을 기울였다. 오치아이는 크레용하우스의 활동을 언제나 스타트라인에 서는 것에 비유한다. 미래에 성장할 작가를 지원하고 다른 출판사가 출간하기 어려운 작품을 내는 것 역시 자신의 임무라고 생각하기 때문이다. 그런 의도로 크레용하우스는 그림책 신진작가 발굴을 위해 1979년부터 매년 그림책 대상을 실시해왔다. 특히 2016년 크레용하우스 창립 40주년 기념사업에는 수준 높은 200여 편이 응모해 치열한 경쟁을 거쳐 신진작가가 선정되었다. 그 행운의 주인공은

- 매달 크레용하우스의 직원들이 모여 그림책 신간 회의를 열고 열띤 토론 끝에 스무 권 정도의 책을 선정한다. 그림책은 신간서적 코너에 진열되기 전에 크레용하우스만의 기준을 통과해야 한다.

우치무라 다카시^{内村貴士}다. 2018년에 출판한 그의 첫 동화책 <바다는 아직이야?^{Are we there yet?}>는 바닷가에 가고 싶은 마음을 아기 곰을 의인화해 표현한 그림책이다. "이 그림책에서 기다리는 시간의 풍요로움을 그리고 싶었다. 나중에 생각해보면 실제로 놀러 간 당일보다 그 전날이 추억으로 남는 경우가 많다. 그런 기다림 안에 풍부한 무언가가 숨어 있는 것 같다"고 우치무라 다카시는 책 내용을 설명한다. 아이와 같은 심정으로, 여행을 떠나기 전 설레던 마음을 담은 책이다. 곰의 몸짓과 눈동자에 행복한 상상이 생생히 담겨 있다. 그는 어린 곰을 선보인 첫 동화책 이후, 2019년 세 마리의 개가 고양이를 따라가는 <고양이와 길^{Following the cat}>, 2021년 늦은 밤에 어린 양 두 마리(남매)가 소풍을 떠나는 <소곤소곤 간질간질^{The Whisper Book}>을 크레용하우스에서 연이어 출판했다. 크레용하우스를 통해 데뷔하고 주목받은 우치무라 다카시는 그림책의 오리지널 작업을 선보이는 전시와 개인전 'Not bad not bad, good'(2018년),

'Sunbathing meeting'(2019년) 등을 열면서 왕성하게 활동 중이다.

그렇다고 그림책이 전부는 아니다. 크레용하우스에서 발행하는 실속 있고 센스 있는 매거진도 있다. 오치아이는 1996년부터 자신이 꿈꾸는 많은 생각들을 정리해 자체 편집부에서 잡지로 발행해왔다. 육아 월간지 <쿠용Cooyon>은 1996년 4월 창간했다. 이 잡지는 가정에서 부모가 읽을 만한 내용으로, 0세부터 초등학교 진학 전 6세 이하의 자녀를 둔 가정육아에 도움이 되는 내용을 싣고 있다. <쿠용>은 다른 잡지와 달리 광고가 없다는 점이 독특하다. 광고주에게 좌우되지 않고 가정에서 꼭 필요한 알짜 정보들로만 이뤄진 <쿠용>은 어린이, 여성, 환경을 키워드로 세상과 소통하고자 하는 서점주의 마음을 담고 있다. 또한 2014년 4월 창간한 잡지 <좋아요いいね, iine>는 오가닉을 추구하는 원 테마 잡지로, 올해 11월에 발행한 58호에서는 밥짓기에 지친 이들에게 간단한 요리법을 제공한다. 즉 편하지만 맛있게 먹을 수 있는 간단한 요리를 배우는 데 초점을 맞췄다.

평생 책의 가치와 힘을 알려온 오치아이 게이코에게 책은 영겁과 순간을 왕복하는 여행과 같다. "책이란 자유를 배우는 여행입니다. 책이란 사람이 살아온 역사를 다시 한번 열어보는 여행입니다. 또한 책이란 평화를 인식하는 여행이기도 하며 평화라고 하는 작은 조약돌을 쌓아가는 끝없는 여정이기도 합니다." 어린 시절 책을 읽으면서 사회의식을 키웠던 그녀에게 책은 어려운 생활의 도피처이자 희망이었다. 책에 의지했던 추억이 오늘날까지 책에 대한 사랑을 잃지 않는 힘이 되었다. 사랑하는 책을 만들고 책과 함께 숨 쉬는 크레용하우스를 운영하면서 어느새 100여 명 직원들의 인생도 함께 품게 되었다. 과감하게 한발 내디뎌보면 의외로 병행할 수 있는 일도 있을 것이라는 막연한 믿음은 크레용하우스를 통해 구체적으로 실현되었다. 책과 함께한 여행은 계속 새로운 도전으로 이어지고 있다. 그녀의 부단한 실행에 대해 듣다 보면 일의 경계나 편견에 갇히는 것, 신체나 정신적인 조건에 얽매이는 것이 얼마나 부자연스러운 삶인지 깨닫게 된다. 오치아이의 행복한 꿈은 크레용하우스를 오가는 이들에게도 서서히 전이된다. 그녀처럼, 할 수 있는 일은 하고 싶어진다!

INTERVIEW

"크레용하우스는
언제나 문이 활짝 열린 곳입니다."

행동하는 지성인,
오치아이 게이코

크레용하우스의 서점주이자 월간 잡지 〈쿠용〉 발행인. 그림책 〈사랑하니까 사람〉, 소설 〈우는 법을 잊었다〉 등을 출판했고 에세이 〈어른의 끝맺음〉에선 우리는 과연 '괜찮은 어른'으로 살고 있는가 자문했다. "책을 보는 것은, 단순히 글자를 읽는 게 아니라 책이 놓여 있는 공간에서 호흡하는 것부터 시작해야 한다"고 주장한다.

BACK TO THE BOOKS

어린이 전문서점 크레용하우스를 만든 이유는?

1976년 서점을 시작할 당시에는 책과 접할 수 있는 장소가 점점 줄어들고 있었습니다. 서점에 들러 생각할 수 있는 시간을 빼앗기는 상황이었죠. 책은 또 다른 말이라고 생각합니다. 책을 읽는 것은, 내면의 말을 스스로 찾아가는 과정이라고 할 수 있죠. 어린이 전문서점을 연 이유도 거기에 있습니다. 마음이 깨끗한 상태일 때 책과 만나는 기쁨을 주고 싶었습니다. 어린 시절에 좋아하는 책이 한 권이라도 있는 사람이라면, 성인이 되어 잠시 멀어지더라도 다시 책 세계로 돌아올 것입니다. 도서관적인 의미를 포함해 더 자유로운 공간을 만들고 싶어서 크레용하우스를 열게 되었습니다.

크레용하우스는 환경 문제를 포함해 다양한 주장을 포용하는 공간이다.

제가 좋아하는 말 중에 '아더 보이스(Other Voices)'가 있습니다. 주류의 말이 아니라 주변의 말을 의미합니다. 장애가 없는 비장애인의 눈으로 본다면 장애를 지닌 사람이 여기에 해당하겠죠. 한 나라에 있어서 소수민족의 목소리도 그렇습니다. 남성 위주의 사회에서 여성이나 다른 성적 취향을 지닌 사람이 아더 보이스입니다. 넓게 말하자면 이 세상의 권력자를 제외한 나머지 목소리에 해당합니다. 그들의 주장이나 의견이 사회 전반으로 퍼져나가기는 굉장히 어렵습니다. 그런 의미에서 자신이 스스로 소중한 존재라고 생각하고, 책을 통한 내면의 대화나 타인과 의견을 교환할 수 있는 장소(매개체)가 크레용하우스였으면 합니다. 크레용하우스는 언제나 모든 사람을 수용할 수 있도록 문이 활짝 열린 곳입니다. 존재를 잊고 지내다가도 피곤하고 지칠 때 언제든 올 수 있는 서점이면 좋겠습니다. 책과의 만남을 통해 자신으로 회귀하는 기회를 만들어주고 싶습니다.

서점이 추구하는 가치와 사업적 부분이 충돌해 갈등할 때가 있나?

그건 잘 조화가 안 되는 것 같네요. 45년간 다른 데서 일해서 충당해왔습니다. 궁극적으로는 조화롭게 운영하는 것이 꿈입니다. 같은 꿈을 꾸는 다음 세대가 보다 조화를 이루며 서점을 운영할 수 있도록 그들을 위한 첫걸음이 되고자 합니다. 요즘은 북 카페가 당연한 것이 되었지만 예전에는 책 읽는 서점을 모두가 반대했습니다. 그렇게 하면 누가 책을 사겠냐고 사람들이 말했지만 전 다른 현상을 읽을 수 있었습니다. 몇 번 읽어도 또 읽고 싶은 책이 있기 마련이니까요. 책의 존재와 사람과의 관계는 조금씩 변화해가고 있습니다. 서점 운영에서 조화가 이뤄지는 날이 빨리 왔으면 좋겠습니다.

소설을 포함해 에세이나 칼럼을 쓰면서 작가로 꾸준히 활동해왔다.

제 일은 글을 쓰는 작가로서의 일과 크레용하우스의 일, 두 가지 축으로 돌아갑니다. 집에서 어머니를 간병하는 시기에는 시간도 없고 정신적 여유가 없어서 한동안 장편을 쓰지 않았습니다. 에세이나 칼럼 위주로 쓰면서 생활했죠. 미묘하게 마음에 남아 있던 부분을 글로 쓴 것이 2018년 장편소설 <우는 법을 잊었다>였습니다. 일본 역사를 되돌아보면 여성들에게 책은 자신을 표현하는 도구가 되어왔습니다. 특히 최근 여성의 표현 활동은 자신을 자신답게 만들고 지키는 수단이라고 생각합니다. 때로는 일을 하다가 자신을 표현하고 싶은 사람들이 작가로 돌아오는 경우가 있습니다. 이런 여성이 늘어나고 있는 것은 고무적인 일입니다. 자신을 내세우기보다는 누구의 딸이자 아내로서 작품을 발표해왔습니다. 여성들의 표현 활동은 이제 막 시작 단계입니다. 여성 작가라는 식으로 성을 지칭하지 않는 독립된 작가가 될 수 있을지 모르겠지만 지금은 과도기라고 생각합니다.

원전 반대 및 평화 문제 등에서 차별을 반대하는 목소리를 냈다. 당신은 일본의 양심과 희망으로 불린다.

일본의 양심과 희망으로 불리면 좋겠지만 많은 이들에게는 일본의 권력에 늘 반대하는 시끄러운 사람의 이미지가 강할 것입니다. 제 바람은 인종, 성별 등으로 차별이나 부당한 대우를 받지 않고 각자 자신의 색으로 빛날 수 있는 사회입니다. 개인이 존중받는 사회를 가장 이상적인 사회로 생각해왔습니다. 때로는 권력을 지닌 사람들과 대척하는 입장이었죠. 서점을 시작할 무렵에는 30대 초반의 여자에 불과했습니다. 젊은 여자가 사회에 이의를 제기하는 장소를 만드는 것은 쉽지 않은 일이었습니다. 어떤 사람에게는 불쾌한

존재였습니다. 전 페미니스트라고 불립니다. 페미니스트는 당시에는 남자의 존재를 부정하는 여성 집단으로 받아들여졌습니다. 하지만 전 페미니즘을 다음과 같이 재정의하고 싶습니다. 페미니즘은 개개인이 섹슈얼리티, 직업, 연령, 자라온 환경, 신체 조건에 따라 등급이 매겨지지 않고 살아가는 방법입니다. 보다 급진적으로 말하자면, 안티내셔널리즘입니다. 아쉽게도 일본 권력은 우리가 원하는 자유로움과 반대로 가고 있습니다. 전 원전을 폐쇄해야 한다고 생각합니다. 둘러보면 아시겠지만 우리 매장 안에는 그와 관련된 포스터가 붙어 있습니다. 많은 분들이 그렇게 하면 제게 마이너스라고 말합니다. 그럼에도 전 다음 세대, 어린이들에게 꼭 말해주고 싶습니다. 평화헌법(일본 전쟁포기 헌법 조항)에 대해서 말하는 것도 마찬가지 맥락입니다. 이런 생각은 그냥 하는 게 아니라 책과 만나면서 계기를 갖는 것이 중요합니다. 그런 계기를 가져야 본인 생각으로 정착될 수 있습니다.

일본의 평화를 위해 활동하고 있다. 당신이 생각하는 평화는 무엇인가?

평화는 모든 사람이 성별, 섹슈얼리티 등으로 등급이 매겨지지 않는 것이 최소한의 조건이라고 봅니다. 적극적인 평화는 가능한 한 경제적 격차가 없고 폭력이 존재하지 않아야 합니다. 전쟁이 없는 것만이 평화가 아니라 다음 세대가 생각할 수 있는 환경을 만들어주는 것이 중요합니다.

크레용하우스
오사카 분점

ADD 大阪府吹田市垂水町3-34-24
SUBWAY 미도스지선 에사카역(1번 출구)에서 도보 5분
BUSINESS HOURS 11:00~19:00 연중무휴
(연말연시 제외) **TEL** 81-6-6330-8071
WEBSITE www.crayonhouse.co.jp

오사카 분점은 1991년에 문을 열었다. 1층은 유기농 식품 전문점으로, 맛있고 건강에 좋은 유기농 도시락 등을 판매한다. 2층은 어린이 책과 나무 장난감들이 있으며, 유기농 화장품 및 면 제품을 제공한다. 오사카 분점은 도쿄의 한복판이자 번화가인 오모테산도에 위치한 도쿄점과는 사뭇 분위기가 다르다. 서점 바로 옆에 에사카(江坂)공원이 있어 한가로이 휴식을 즐기던 주민들이 서점을 이용하는 경우가 많다. 오사카 지역에서 평화운동을 하던 여성들이 오치아이 게이코에게 여기에도 크레용하우스를 열어달라고 청원한 결과였다. 개업 당시에는 여성과 아이들을 소중하게 생각하는 크레용하우스만의 독특한 서점 분위기로 재미있는 추억도 많이 있다고 한다. 남성이 아이들의 교육에 참여하는 일이 드물던 시절, "여기는 남성 출입금지입니까?"라고 묻는 일이 빈번했지만, 이제는 주말에 아버지와 아이들만의 시간을 즐길 정도다. 오사카 사람들에게도 30년의 세월 동안 크레용하우스는 서점 이상의 공간으로 자리 잡았다.

BACK TO THE BOOKS
JAPAN

MORIOKA SHOTEN

모리오카서점

ADD 東京都中央区銀座1-28-15 스즈키 빌딩(鈴木ビル) 1층
BUSINESS HOURS 13:00~19:00 월요일 휴무
TEL 81-3-3535-5020

"책의 저자에게 가급적 서점에 오래 머물면서 손님과 교류해줄 것을 부탁합니다.
평면의 책을 입체적인 존재로 바꿔 독자들을 직접 책 속 세상으로 이끌고 싶습니다."

– 모리오카서점 서점주 모리오카 요시유키

모리오카 요시유키의 혁신적인 발상

오직 한 권의 책을 통해 어디서도 맛볼 수 없는 긴장감을 느끼길 원한다면, 독자는 어떤 선택을 해야 할까? 그 답을 고급 쇼핑 상점들이 즐비한 도쿄 긴자銀座 뒷골목, 세상에서 가장 작지만 독특한 서점에서 찾을 수 있다. 2015년 5월 문을 연 모리오카서점森岡書店은 한 주에 한 권의 책만을 판매하는 서점이다. 이런 도발적인 발상을 한 서점주의 머릿속이 궁금할 수밖에 없다. 2007년 말쯤, 모리오카 요시유키森岡督行는 한 권의 책이 있다면 다른 책이 없어도 서점을 운영해나갈 수 있지 않을까 생각했다. '한 권의 책을 파는 서점(一冊, 一室)' 모리오카서점은 5평 작은 공간에 엄선한 한 권의 책과 함께 전시회를 열어 연일 화제를 낳았다. 작은 공간이다 보니 이 서점을 구경하는 데 사실 몇 분이면 충분하다. 그럼에도 이 아담한 서점은 독자들에게 아늑함을 선사한다. 통유리창과 심플한 공간이 인상적인 서점은 밖에서 내부가 훤히 들여다보인다. 반면 저녁이 되면 작은 공간에서 흘러나온 빛이 사람들을 자석처럼 끌어모을 것만 같다.

모리오카 요시유키가 이런 발상을 하기까지 그의 오랜 서점 경력이 뒷받침되었다. 대학 졸업 후 도쿄 진보초의 유서 깊은 고서점 잇세이도一誠堂에서 8년 동안 근무하며 서점 운영의 기본을 익혔다. 그는 2006년에 독립해 1927년(쇼와 2년)에 지어진 가야바초茅場町의 한 건물에 매료되어 사진 전문 헌책방 모리오카서점을 열었다. 잇세이도의 경험을 통해 사진집이 잘 팔린다는 사실을 알고 있던 그는 파리와 프라하로 가서 열정적으로 사진집을 사 모았다. 기무라 이헤이木村伊兵衛, 후지와라 신야藤原新也 등의 사진을 좋아했던 그는 반년 후 서점 안에 갤러리 공간을 마련해 히라노 타로平野太呂의 <POOL> 오리지널 프린트전을 개최했다. 잇세이도서점 시절부터 수집한 일본의 대외 선전지 등을 모아서 2012년 <BOOKS ON JAPAN 1931-1972>를 출간하는 호기를 부리기도 했다. 무엇보다 제대로 된 헌책방을 여는 것이 목표였으나 헌책 판매 상황은 좋지 않았고 내일을 기약할 수 없었다. 더욱이 경영 부담을 줄이기 위해 시작한 서점의 부수 사업인 공간 대여가 점점 수입의 중심으로 자리 잡았다.

모리오카는 겸업으로 잡지나 웹 등에 사진집을 소개하는 일을 하다가 2014년부터 잡지 <게이주쓰신초芸術新潮>에 '작가가 들여다본 렌즈'라는 칼럼을 담당하기도 했다.

창작자와 독자의 소통의 장

한 권의 책은 어느 날 한순간에 '유레카!'처럼 떠오른 아이디어가 아니었다. 가야바초 헌책방에서의 경험이 전적으로 토대가 되었다. 수차례 신간 기념행사를 열었던 경험이 축적되면서 한 권만 팔아도 서점을 운영해갈 수 있다는 확신이 생겼다. 특히 저자와 독자 사이의 소통과 대화에 주목했다. 그들이 발산하는 열정과 에너지에 감동한 모리오카는 그런 교류를 서점의 모토로 삼고 싶었다. 서점과 갤러리를 운영하다 독립한 지 10년째 되는 해에는 가야바초의 서점은 문을 닫고, '한 권의 책을 파는 서점'이라는 새 콘셉트로 긴자의 스즈키 빌딩에 입주했다. 스즈키 빌딩은 1929년(쇼와 4년)에 준공되었으며 도쿄의 역사적인 건물이다. 가야바초점은 모리오카의 감각에 따라 즉흥적으로 오픈 준비를 했다면 긴자점은 여러 사람의 협력과 버팀목이 있었기 때문에 가능했다. 디자인 스튜디오 타크람 디자인 엔지니어링Takram Design Engineering이 주최한 이벤트에 참여한 것이 인연이 되어 스마일스Smiles의 도야마 마사미치遠山正道와 함께 주식회사 모리오카서점을 설립했다. 2015년 개점한 지 두 달쯤 되었을 때 한 손님이 서점에 들어와서 "책 속으로 들어가는 느낌이네요"라고 말한 일이 인상 깊게 남아 있다고 한다. 이 작은 서점은 한 권의 책을 많은 사람들과 공유할 수 있는 장을 넘어서는 특별한 공간이 되었다. 3년째 되는 해에 아쿠타가와상을 받은 소설가 호리에 도시유키堀江敏幸가 참여한 사진전을 열기도 했다.

책과 전시가 어우러진 작지만 큰 복합문화공간, 모리오카서점은 사람들의 관심을 불러일으키기 시작해 요즘은 일 년 전시 예약이 연초에 대부분 잡힐 정도로 각광받고 있다. 매주 한 권의 책을 추천하는 방식으로 오픈한 지 반년 만에 2000여 권의 책을

판매하기도 했다. "물론 서점이기 때문에 책을 파는 건 당연한 일이고, 거기서 파생되는 커뮤니케이션이 보다 중요하다고 생각했습니다. 그저 한 권의 책을 사는 것이 아니라 저자와 대화하고 편집자의 이야기를 듣고, 책의 감상을 함께 이야기하는 일련의 행동과 경험들이 진정 필요한 시대에 사는 것이 아닌가 하는 생각이 듭니다." 독특한 콘셉트 덕분에 국내외 수많은 언론에도 주목을 받았다. 책을 매개로 사람과 사람을 잇기 위해 꾸준히 새로운 도전을 고민하고 있다. 헌책방에서 출발해 갤러리, 스튜디오, 서점 큐레이션 등으로 지평을 넓혀왔다. 이런 대안 서점으로 자리 잡기 전까지의 과정, 눈물 어린 시행착오가 고스란히 모리오카서점 분투기인 <황야의 헌책방荒野の古本屋>에 담겨 있다.

　모리오카 요시유키는 어려서부터 낡은 것이나 쇼와 시대의 물건에 흥미를 느꼈고, 대학 졸업 후에는 한 달에 몇 번씩 진보초를 찾아갔다고 한다. 그는 진보초에 갈 때마다 2000엔의 예산으로 책을 얼마나 살 수 있을지를 즐겼다. 책을 찾아 길거리를

• 모리오카서점에서 작가 세소코 마사유키가 오키나와의 이시가키섬, 미야코섬에 대해 알리는 책과 소품들을 전시해놓고 독자들과 대화를 나누고 있다. 모리오카서점은 작가와 독자들의 소통을 최우선시한다.

헤매는 일은 독서만큼이나 재미있는 일이었다. 책과의 우연한 만남을 즐기는 그는 진보초의 진정한 유목민이었다. 물론 헌책방뿐만 아니라 역사나 깊은 사연을 간직한 옛 공간과 어울리는 인물이다. 모리오카는 자신을 '탄광을 파는 갱부'라고 소개한다. "저는 늘 보물찾기를 하고 있다는 생각을 합니다. 늘 무언가를 파고 있습니다. 그래서 석탄 파는 광부와 많이 닮아 있는 것 같고, 제 자신이 석탄 저장고와 아주 인연이 깊어서 석탄 저장고가 있는 건물로 옮겨 다닌 것 같습니다. 1990년도에 나가노에 살았는데 그 아파트 침대 밑이 석탄 저장고였고, 그 후 근무하게 된 잇세이도서점 지하에 석단 지장고가 있었습니다. 또 가야바초에도 석탄 저장고 같은 곳이 있었습니다. 석탄 저장고와 뭔가 모를 깊은 인연이 있는 것 같습니다."

    그렇다면 모리오카서점에선 매주 어떤 책이 소개될까? 패션 디자이너의 평전, 가방 브랜드, 공예작가의 에세이, 다도가의 책 등 각양각색이다. 모리오카 요시유키가 선택한 책 중에 하나는 <이시가키 미야코, 스토리가 있는 섬 여행 안내 石垣宮古 ストーリーのある島旅案内>이다. 편집자이자 작가인 세소코 마사유키 瀬底正之는 2012년, 오키나와로 이주하면서 다양한 매체에서 취재와 글쓰기, 촬영을 통해 독자적인 시선으로 오키나와의 매력과 생활을 알리고 있다. <새로운 홋카이도 여행> <새로운 오키나와 여행> 등은 국내에도 출판되었다. 세소코 마사유키는 모리오카서점에서 오키나와를 알리는 자신의 책을 소개했다. "재미있는 서점입니다. 이런 공간이 별로 없는데, 보통은 책을 펼쳐놓고 사진 보여주고 토크 이벤트하는 정도잖아요. 여기서 조금이라도 책에 담긴 오키나와의 공기를 재현할 수 있으면 좋겠다고 생각했습니다." 최근에도 모리오카서점에선 사진작가의 책과 전시를 꾸준히 만나볼 수 있다. 2021년 8월에 그래픽 디자이너 다치바나 후미호 立花文穂의 사진집 <산하 傘下> 출판기념전과 9월에 인간과 자연의 관계성을 주제로 작품을 발표해온 사진가 다카기 야스유키 高木康行의 <식목 植木>전이 열렸다. 모리오카서점에서는 저자를 중심으로 옹기종기 모인 독자들이 한 권의 책이 주는 향기로움을 나누며 행복한 시간을 갖는다. 단 한 권만으로도 책과 사람이 함께 머문다면 그곳은 분명 아름다운 책의 집일 것이다.

INTERVIEW

"5평의 공간으로 충분합니다!"

책의 잠재력을 믿는 몽상가,
모리오카 요시유키

5평의 작은 공간을 가진 모리오카서점은 한 권의 책에서 파생된 전시를 통해 저자와 독자 간의 풍요로운 커뮤니케이션을 추구한다. 한 권의 책을 파는 서점이지만, 그 책을 통해 모두가 행복해지는 방법을 찾아낸 것이다. 모리오카서점에서는 한 권의 책이 모두를 연결하는 거대한 플랫폼이 된다.

서점과의 인연은 어떻게 시작되었나?

저는 야마가타현에서 태어났습니다. 도쿄에서 꽤 떨어진 곳이죠. 자연이 많은 곳이어서 여름이면 강가에 가서 멱도 감고 물고기도 잡으면서 컸습니다. 책방이 많이 있던 환경은 결코 아니었습니다. 대학에 진학해 도쿄에 와서 진보초라는 서점 거리를 알게 되었고, 너무 마음에 들어서 그곳에 다니면서 책과 관계가 깊어졌습니다. 그러다 결국은 진보초에 취직하고 싶었습니다. 무엇보다 책이 좋아서였고, 당시에 이미 환경 문제가 불거진 터라 헌책방은 리사이클을 하니 환경은 오염시키지 않겠다는 생각을 했습니다. 잇세이도서점은 1931년에 세워진 낡은 건물이었는데 그 분위기에 빠져 취직을 했습니다. 그곳에서 8년간 근무했습니다. 처음엔 손님의 질문에 전혀 대답할 수가 없었는데, 조금씩 대답을 할 수 있게 되면서 점점 재미를 느꼈습니다. 마치 퀴즈 프로그램처럼 손님이 질문하고 제가 알면 정답을 맞히는 식이었습니다. 그런 과정이 재미있어서 책에 관한 지식을 쌓고 싶었습니다. 사카이 사장님께서는 "40세까지는 다 공부다"라고 말씀하셨죠. 책 수선을 하거나 청소하는 과정에서 책과 저자에 대한 지식을 얻었고, "책에 대한 가치를 아는 것이 일이다"라는 말을 들었기 때문에 제 자신은 책의 학교에 다닌 것 같았습니다.

처음에는 가야바초에서 모리오카서점을 오픈했다.

잇세이도서점을 그만둔 후 가야바초에 있는 낡은 건물에서 모리오카서점을 시작했습니다. 처음엔 손님이 오지 않아 매상이 오르지 않았고 금방 자금이 떨어졌습니다. 더 이상 책방을 계속할 수 없어서 어떡하면 좋을까 고민하고 있을 때 어떤 분으로부터 갤러리처럼 전시를 하면 좋지 않겠냐는 조언을 받았습니다. 처음에 히라노 타로의 사진전을 열고 판매했습니다. 히라노 타로의 팬들이 많이 와주셔서 책도 많이 팔렸습니다. 그 후에도 여러 번 한 권의 책 전시회를 계속했습니다. 2007년 말쯤으로 기억하는데 한 권의 책이 있다면 다른 책이 없어도 해나갈 수 있지 않을까 생각한 것이 계기가 됐습니다.

긴자에 모리오카서점을 열고 전시한 책 중에 기억에 남는 것은?

지금까지 전시한 책들이 다 기억에 남기는 합니다. 그럼에도 아무래도 가장 처음 전시했던 자수예술가 오키 준코(沖潤子)의 작품집 <Punk>가 가장 인상적이었습니다. 그때 많은 손님들이 와주셨고 저자와 편집자도 매일 오셔서 2차원의 책의 세계가 3차원이 되었고 그 3차원의 책이 책 속으로 손님 맞이를 한다는 느낌 때문에 가장 기억에 남아 있습니다. 저자와 편집자, 디자이너, 카메라맨 등 소수가 자신에게 내포된 에너지로 책을 만들어갑니다. 그 후 내면에 쌓여 있는 에너지를 전시를 통해 이 장소에서 밖으로 마음껏 분출하는 재미가 있습니다.

처음에는 제가 좋아하는 책을 고르고 팔릴 것 같은 책을 골라서 편집자나 저자에게 의뢰했는데, 점점 바뀌어서 지금은 기획을 가져오는 경우가 많아졌습니다. 그래서 제가 책을 고른다기보다는

* 모리오카 요시유키는 2006년 사진전문 헌책방 모리오카서점을 열었다. 서점과 갤러리를 운영하며 노하우를 쌓은 그는 2015년부터 한 주에 한 권의 책을 파는 방식으로 긴자의 서점을 운영하고 있다.

이 장소가 선택받고 있다는 감각이 더 강합니다. 매번 책에 대한 미팅은 합니다. 때로는 책에 대해서 2~3시간 인터뷰하는 경우도 있습니다. 전시까지 책과 거리를 가까이하면서, 책을 이해하고 저자를 이해하고 그것들이 손님에게 잘 전달되면 좋겠다고 생각합니다.

전시를 염두에 둔 지금의 서점 공간은 어떻게 작업했나?

일단 이 공간의 이미지는 제가 직접 구상을 했습니다. 예를 들어 매장의 넓이는 가로와 세로 황금비율로 계산을 했습니다. 연간 50권의 책을 판매하기 때문에 어떤 책이 들어오더라도 이 공간에 어울릴 수 있는 그런 공간이 되도록 만들었습니다. 외부의 유리나 철제는 전문업자한테 부탁해서 만들었습니다. 씨엠와이케이라고 공간 내장 설계를 하는 회사가 있는데요. 가야바초에 있을 때 저희 서점 옆에 있던 사무실인데 기초적인 것은 그분들이 만들어주셨습니다. 집기류, 가구나 전등은 제가 골랐습니다.

일주일에 한 권의 책만을 팔아서 서점이 유지가 되는가?

처음에 가게를 오픈하고 나서는 아주 불안했는데, 막상 뚜껑을 열어보니까 아주 인기가 있었고 이 콘셉트에 공감을 해주시는 분이 많았습니다. 출판사와 저자들이 오히려 자신의 책을 다뤄달라고 의뢰를 하셨습니다. 더 놀란 것은 해외 분들의 평가였습니다. 한국은 물론이고 중국에서도 많이 와주셔서 놀랐습니다. 또 저희가 독일의 'iF 디자인 어워드', 영국의 'D&AD' 그리고 일본의 '굿 디자인 베스트 100'에 2016년에 선정되기도 했습니다. 그때 이 선택을 잘했다고 생각했습니다.

일단 긴자이기 때문에 월세는 비쌉니다. 겨우 5평밖에 안 되는 공간이지만 비쌉니다. 책만 팔아서는 월세, 인건비 및 그 외 소요 경비를 감당하기는 어렵다고 처음부터 예상했던 일입니다. 그래서 책을 통한 전시회를 계기로 책에서 파생되는 상품들을 판매하는 것이 중요한 요소입니다. 또한 북 토크를 개최하거나 워크숍을 개최해 받는 입장료도 중요한 수입원입니다. 한 권의 책에서 파생된 전시회를 함으로써 그 수익금으로 모든 경비를 충당하는 상황입니다. 많이 판매된 책은 사진작가 아비코 사치에(安彦幸枝)의 <정원의 고양이(庭猫)>라는 사진집이었습니다. 일주일에 250권 이상이 팔렸습니다. 가장 팔리지 않았던 책은 2권만 팔린 적도 있습니다. 태풍이 와서 도저히 책이 팔릴 만한 상황이 아니었습니다.

앞으로 목표가 있다면?

목표로 하고 싶은 일은 여러 가지가 있습니다. 우선 외국에서 손님들이 많이 와주시기 때문에 동일한 콘셉트의 가게를 서울, 대만, 파리, 런던 등에 단기간이라도 투어처럼 돌아가며 여는 것도 괜찮다고 생각합니다.

책의 거리에서 삶의 길을 묻다

神保町

진보초 고서점 거리

도쿄의 진보초역 주변, 책을 흐트러짐 없이 진열해놓은 고서점들과 책 속에서 보물찾기를 하듯 삼매경에 빠진 인파가 놀라운 광경을 자아낸다. 메이지 시대, 진보초 인근에 일본을 대표하는 대학들이 세워지면서 자연스럽게 책방 거리가 생겨났다. 세계에서 가장 큰 책의 거리에서 헌책의 가치를 찾는 문화는 지속된다.

오랫동안 일본인들의 마음에 위안이 되어준 서점가가 있다. 도쿄의 간다神田 진보초 神保町 거리. 고서점이 밀집해 거리 자체가 하나의 거대한 고서점 타운이다. 진보초의 고서점가와 헌책방은 주로 '야스쿠니도리靖国通り'라는 거리에 있는데 약 600미터에 걸쳐 150여 개의 헌책방이 있다. 여기에 헌책방만 있는 것은 아니고 출판사를 비롯해 일본에서 오래된 서점으로 유명한 산세이도三省堂, 일본 지식계를 대표하는 이와나미岩波 등 일본 유수의 서점 역시 몰려 있다. 이 신간서점들은 진보초에서 고서점으로 시작해 성공한 대표적인 사례다. 이곳에 와보면 책에 딱히 관심이 없는 사람까지 탄성이 나온다. 일본인들이 "이런 고서점 거리는 세계 어디에서도 찾아볼 수 없다"고 자랑하는 이유를 바로 알 수 있다. 진보초의 각 서점들은 자신 있는 분야나 장르가 있기 때문에 언뜻 같은 고서점으로 보여도 각자 특색이 있는 것이 강점이다. 문학, 고전, 역사, 사상과 종교, 미술과 판화, 취미와 예술 등 장르에 맞춰 적절한 서점을 방문할 필요가 있다. 즉 저마다 고유의 캐릭터를 갖추고 있고 수십 년을 넘게 찾아오는 단골 독자들을 맞이한다. 고객들은 오래된 책과 만나는 기쁨을 언제나 마음껏 누린다. 이 거리를 몇십 년 이상 다닌 사람조차 올 때마다 생각지도 못한 책을 발견하는 재미를 누릴 수 있는 곳이다. 더욱이 진보초의 매력은 몇백 엔의 싼 책부터 고가의 책까지 선택의 폭이 매우 다양하다는 데 있다.

특히 진보초는 가을에 새롭게 피어난다고 해도 과언이 아니다. 해마다 가을에 열리는 간다고서축제(神田古本祭り)가 있기 때문이다. 이 기간 중에 많은 고객과 전 세계 관광객들이 몰려드는 것으로 유명하다. 이렇게 헌책이 신선한 문화 콘텐츠로 자리 잡은 것은 놀라운 일이다. 60회를 맞이한 간다고서축제가 2019년 10월 25일부터 11월 4일까지 열렸다. 간다고서점연맹이 주최하는 도서 축제로 1960년에 시작해 간다 진보초 고서점가에서 60년째 이어져오는 전통적인 축제다. 이 기간에는 100만 권 정도의 헌책이 특별히 할인된 가격으로 거리로 쏟아져 나온다. 따라서 일본 전역에서 책 수집가들이 성지순례를 하듯 이곳으로 모여든다. 진보초를 특별한 공간으로 만드는 것은 고서점과 헌책 사이에서 인산인해를 이루는 책 수집가들이다. 그들의 강렬한

눈빛과 책을 넘기는 분주한 손가락이 헌책의 새로운 가치를 다시 찾아낸다. 또한 유명 출판사들이 이 기간에 '진보초 북페스티벌'을 함께 마련해 성황을 이루고 있다. 재고 책이나 새 책들도 싼값에 판매하는데, 두 축제가 사이 좋게 공존할 정도로 시너지를 일으킨다. 축제 기간 동안 방문객 덕분에 음식점과 쇼핑센터 등의 매출도 덩달아 뛰면서 지역경제를 살리는 효자 노릇을 톡톡히 하고 있다. 진보초는 일본의 향기로운 거리 100곳에 선정될 만큼 책과 가을 정취가 아름다운 곳이다. 하지만 흥이 솟는 진보초의 문전성시는 잠시 아련한 추억으로 머물러 있다. 안타깝게도 최근 2년간은 코로나19로 인해 제대로 열리지 못했다.

진보초의 터줏대감, 잇세이도서점

현대식 건축물이 늘어선 간다 진보초. 그 거리 사이에 세월의 무게가 묻어나는 옛 건물 하나가 눈에 들어온다. 철근 콘크리트 구조에 심녹색의 장식재를 사용한 잇세이도一誠堂서점이다. 서점 안으로 들어서면 1950~60년대 일본 영화계에서 활약했던 유명 배우 하라 세츠코原節子, 미후네 도시로三船敏郎 등에 대한 책들이 세월의 향수를 더해주고, 높은 천장의 서가들이 책이 지닌 시간의 무게를 말해준다. 마치 과거로 시간여행을 온 듯 복고풍의 실내등과 옛 장식들이 서점의 품격을 대변하고 있다.

창업 120주년을 앞두고 있는 잇세이도서점은 이곳에 자리를 잡은 지 약 110년이다. 오랜 고서들이 편안한 안식을 취하는 듯, 곳곳에 시간과 세월의 향기가 묻어나는 잇세이도서점을 지켜온 서점주는 사카이 다케히코酒井健彦다. 그는 국문과를 나와 서지학 연구소에서 2년간 일한 후 서점 일을 계승하면서 가업을 도왔다. 서점의 역사는 무려 1903년으로 거슬러 올라간다. 창립자 사카이 우키치酒井宇吉는 고향 나가오카에서 사카이서점을 시작했다. 3년 후에는 도쿄 간다로 이전해 헌책방을 열었다. 1913년 현재 위치로 이전해 상호를 잇세이도서점으로 바꾸었고, 지금의 4층 건물은 관동대지진을

* 진보초 고서점 거리의 매력은 도서 애호가들이 직접 발품을 팔고 나름의 눈썰미로 괜찮은 헌책을 찾아내는 데 있다. 간다고서축제 기간에는 책을 발견하려는 사람들이 일본 전역뿐만 아니라 해외에서도 몰려든다.

一誠堂書店 ISSEIDO BOOKS
ADD 東京都千代田区神田神保町1丁目7番地
BUSINESS HOURS 10:00~18:30 일요일 휴무
TEL 81-3-3292-0071
WEBSITE www.isseido-books.co.jp

겪은 후 도쿄도시건축연구소의 설계로 1931년에 준공되었다. 2006년 90대의 2대 서점주가 영면하자 사카이 다케히코가 3대 서점주가 되었다. 긴 시간, 묵묵히 책의 집을 지켜온 그는 평생 고서적들을 곁에 두고 살다 보니 희귀 도서에 대한 안목도 높아졌다. 사카이 다케히코는 기억에 남는 손님으로 사회파 추리소설의 대가 마쓰모토 세이초松本清張를 꼽는다. 한때 문호로 불리는 소설가들이 서점을 자주 찾았다. 특히 마쓰모토 세이초는 잇세이도 창업 90년 책을 만들어준다고 약속했지만 1992년 갑자기 세상을 떠나서 뜻을 이루지 못한 것이 아쉬운 기억으로 남아 있다고 한다.

    진보초의 고서가에는 잇세이도 출신이 많은 것으로 유명하다. 너그러운 창립자였던 사카이 우키치는 잇세이도에서 일을 배운 이들이 독립할 수 있도록 도왔고 경쟁이 아니라 진보초에서 서로 도우면서 함께 지냈다. 손님이 어떤 책을 찾으면, 소장하고 있을 만한 서점으로 안내하는 것이 헌책방을 운영하는 사람들 사이에는 나름의 연대의식이다. 그런 문화에 익숙한 연세 많은 단골손님들이 책을 직접 만져보고 사기 위해 잇세이도서점을 방문한다. 서점주 사카이 다케히코는 시대의 변화에 발맞춰 젊은 손님을 늘리고 싶지만 쉽지 않다고 토로한다. 홈페이지를 통해 고서적을 소개하는 등 나름 방안을 모색하고 있지만 요즘은 손님이 줄어 운영에 어려움을 겪고 있다. 100년이 넘는 시간을 견뎌온 잇세이도서점은 침체의 그늘을 벗어나기 위해 노력 중이다. 진보초의 역사와 풍파를 고스란히 간직한 서점을 오래도록 이 자리에서 만나고 싶다.

BOOK HOUSE CAFE

BOOK HOUSE CAFE
ADD 東京都千代田区神田神保町2-5 기타자와 빌딩(北沢ビル) 1층
BUSINESS HOURS 11:00~18:00 연중무휴(연말연시 제외)
TEL 81-3-6261-6177
WEBSITE bookhousecafe.jp

진보초의 젊은 서점, 북하우스 카페

오래된 고서점이 즐비한 진보초에서 가장 젊은 서점인 북하우스 카페. 서점과 카페가 어우러진 공간 분위기가 전형적인 중고서점과는 사뭇 달라 보인다. "저는 기타자와서점(조부의 서점)에서 태어나 진보초에서 자랐습니다. 은행에 다니다가 기타자와서점을 도우며 지냈죠. 그러다 북하우스 카페를 오픈했습니다." 어린이 전문서점으로 11년 동안 운영되던 북하우스가 적자 누적으로 폐업을 하자 이마모토 요시코今本義子는 이 서점을 인수해 2017년 5월 '북하우스 카페'라는 이름으로 재오픈했다. 처음에는 북하우스 카페를 어린이가 그림책을 만나는 공간이라 생각했지만 서점 운영을 하다 보니 손님 대부분이 어른이었다. 결국 그림책은 어린이만을 위한 책이 아니라는 걸 실감했고, 사람이 그림책을 만나는 장소로 인식이 변했다. 이후, 북하우스 카페는 다양한 계층의 사람들이 그림책을 통해 만나는 장소가 되었다. 요시코는 먼저 서점의 실내 인테리어를 편안하게 바꾸었다. 그러자 서점 안 카페에서 사람들은 차와 음료를 마시며 담소도 나눴고 서점에 머무는 시간이 더 길어졌다. 아이들도 서점 한편에 마련된 놀이공간에서 행복한 시간을 보낸다. 특히 서점의 사무 공간과 창고를 없애고 그 자리를 이벤트와 갤러리 공간으로 바꾸었다. 이러한 시도는 북하우스 카페를 서점 그 이상의 공간으로 전환시켜 많은 사람들이 서점을 찾게 만들었다. "인터넷으로 책을 사는 것이 편리한 건 인정하는데, 이런 시대에 일부러 서점을 하는 거라면 손님이 와주셔서 사람들이 모이는 공간이 되어야만 의미가 있다는 생각이에요. 어린이들이 이 동네에서 책을 고르며 즐거운 시간을 보내야만 어른이 되어서도 이 동네를 찾게 되겠죠. 어린이가 올 때 진보초의 미래가 있다고 생각합니다." 북하우스 카페 2층에는 영문학 고서의 성지라 불리는 기타자와北澤서점이 자리하고 있다. 요시코의 오빠 기타자와 이치로北澤一郎가 서점주로 조부가 1902년 창업한 서점을 3대째 운영 중이다. "제가 손님들 맞이하는 일을 좋아하는 걸 보면 집안 유전이 이어진 것 아닐까 생각해요"라며 요시코는 환하게 웃었다.

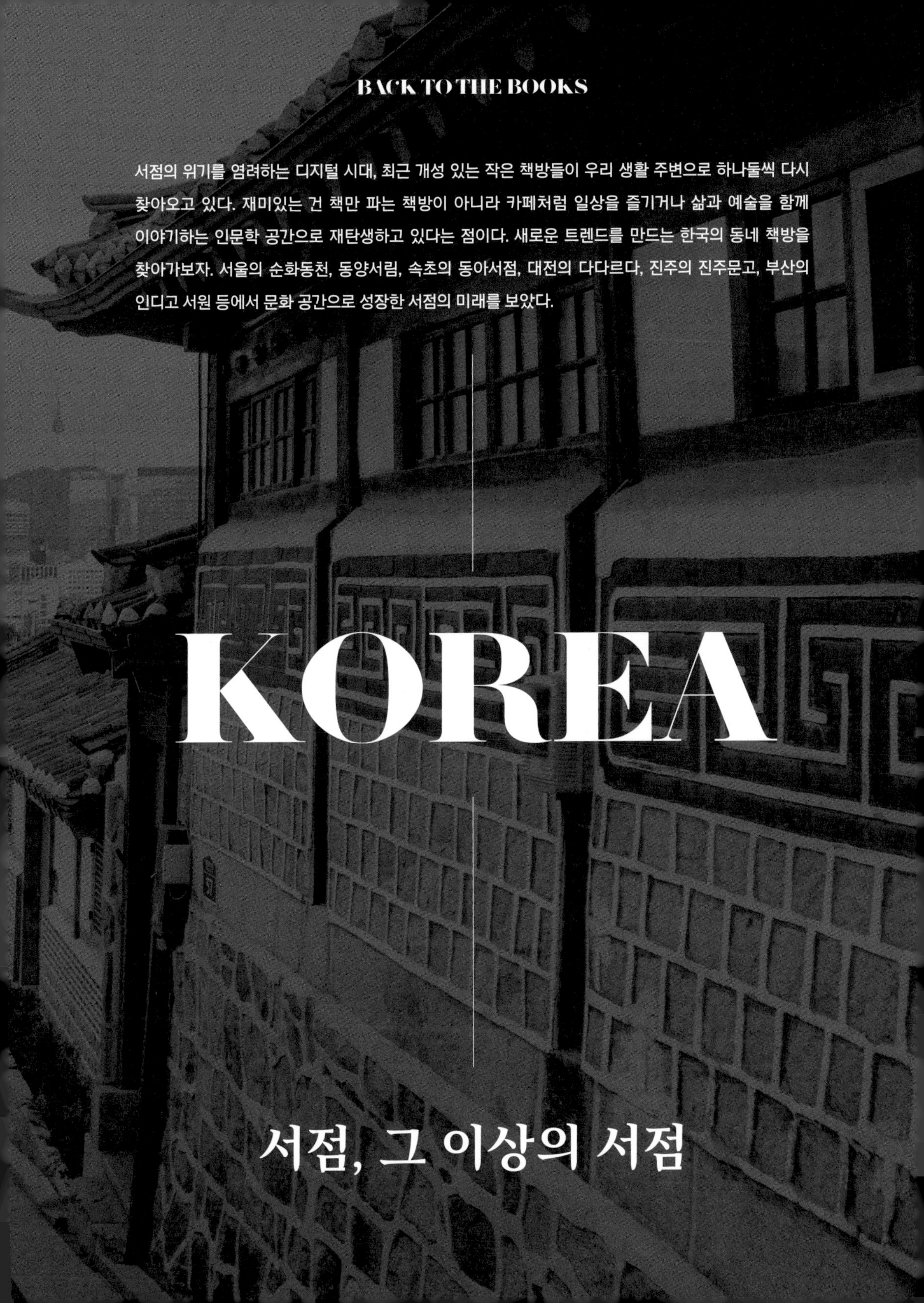

BACK TO THE BOOKS

서점의 위기를 염려하는 디지털 시대, 최근 개성 있는 작은 책방들이 우리 생활 주변으로 하나둘씩 다시 찾아오고 있다. 재미있는 건 책만 파는 책방이 아니라 카페처럼 일상을 즐기거나 삶과 예술을 함께 이야기하는 인문학 공간으로 재탄생하고 있다는 점이다. 새로운 트렌드를 만드는 한국의 동네 책방을 찾아가보자. 서울의 순화동천, 동양서림, 속초의 동아서점, 대전의 다다르다, 진주의 진주문고, 부산의 인디고 서원 등에서 문화 공간으로 성장한 서점의 미래를 보았다.

KOREA

서점, 그 이상의 서점

SUNHWA DONGCHEON

순화동천

ADD 서울시 중구 서소문로 9길 28 덕수궁롯데캐슬 201동 컬처센터
BUSINESS HOURS 11:00~19:00 일요일 휴무
TEL 02-772-9001

"대형 서점이 충족시키지 못하는 독자 중심의 공간 역할을
순화동천이 해내고 싶습니다."

– 순화동천 김언호 대표

아파트 단지 안의 인문예술공간

서울 도심 한복판, 작은 서점이 도시를 대표하는 주거 공간인 아파트에 들어왔다. 예술과 인문학을 주민들과 공유하는 서점, 순화동천은 서울 중구 순화동의 덕수궁롯데캐슬에 위치해 있다. 순화동천巡和洞天의 동천洞天은 노장사상에 나오는 말로 이상향이자 별천지를 의미한다. 즉 순화동천은 인문, 예술적 삶을 지향하는 이들의 평화를 순례하는 유토피아를 추구한다. 이곳은 단순한 서점이 아니라 인문예술을 위한 복합문화공간답게 서점, 박물관, 갤러리, 강의실 등으로 구성되어 있다. 2010년대 중반 카페 중심으로 책이 있는 공간이 생겨났던 트렌드를 수용하면서도 박물관, 갤러리 등으로 여러 예술 분야와 연계하면서 차별화를 시도했다. "이곳은 기본적으로 책방입니다. 책을 통해서 음악이나 미술이 만들어집니다. 책이 모든 인문예술의 근간이 되기 때문에 책을 한자리에 놓고, 여기서 미술 전시, 인문학 강의, 음악회 등을 개최하고 있습니다. 이 공간은 독자들과 서점이 함께 공유해야 합니다. 이곳을 그냥 놔둬서 사람이 찾아오지 않으면 문을 닫게 됩니다"라고 김언호 대표는 설명한다.

　주상복합 및 아파트 일대의 순화동을 특별한 곳으로 탈바꿈시킨 이는, 독자들과의 공유를 강조하는 한길사의 김언호 대표다. 세계 유명 서점을 돌면서 서점이 도시를 혁신시키는 사례를 살펴본 그는 서점이 도시를 밝히는 별빛이 될 수 있다고 믿는다. 2000년대 초, 경기도 파주출판단지에 자리를 잡고 책방 한길과 갤러리 북하우스 등을 운영해왔다. 이곳은 독서 애호가들에게 꼭 방문해야 하는 장소로 회자되었지만, 서울과의 접근성이 떨어지다 보니 더 많은 독자를 만나기 위해 교통 편한 도심으로 책을 가져 오고 싶은 마음이 들었다고 한다. 그렇게 독자 중심의 공간을 만들고 싶었던 김 대표는 장소를 물색해오다가 창업 초기에 자리했던 순화동으로 돌아와 2017년 4월 순화동천을 열었다. "순화동천은 약간 독특한 서점이죠. 한 출판사가 45년 동안 만들어온 책들을 한자리에 집중적으로 전시해놓고 독자들과 함께 토론을 즐기는, 열려 있는 공간입니다." 약 550평 공간의 별천지에는 한길사가 출판한 3000여 권의 책을 포함해 약 3만 5000여 권의 책이 있다. 먼저 천장까지 닿는 초록색 책장이 가득 들어서 있는 모습이 인상적이다. 한길사가 지금까지 주력해서 펴낸 책들의 전모를 보여주는 이 책장에는 여러 문학자나 철학자들의 명언, 예를 들면 "인간이 동등하지 않다면 서로를 이해할 수 없으며, 차이가 없다면 자신을 이해시키기 위해 말이나 행위가 필요 없을 것이다"라는 철학자 한나 아렌트 Hannah Arendt, 1906-1975의 말이 적혀 있다. 지식인들의 명언과 책이 어우러진 책장이 서점을 방문한 이들의 눈길을 사로잡고 있다.

그다음은 마음을 설레게 만드는 복도다. 순화동천은 탁 트인 널찍한 공간이 아니라 60미터의 길쭉한 복도를 따라 차례로 방이 나오는 구조다. 초록색 책장 맞은편에는 회랑 갤러리가 있다. 복도 한쪽은 서점 길, 맞은편은 미술의 길이 길게 뻗어 있는 모양새다. 전시가 있을 때는 한 번은 책에, 한 번은 작품에 눈길을 주면서 이 길을 수차례 오가게 된다. 복도를 여러 번 오가다 보면 이 공간이 점점 친숙해지면서 '책의 길'이 주는 울림에 빠져들게 된다. 복도에 이어 또 눈길이 자연스럽게 가는 특별한 공간은 한길책박물관이다. 소액의 입장료를 내고 티켓을 구매한 후 기획전을 감상할 수 있다. 개관 기획전으로 준비한 아름다운 책의 장인 윌리엄 모리스 William Morris, 1834-1896, 책 그림의 거장 귀스타브 도레 Gustave Doré, 1832-1883의 북 아트 작품, 19세기 프랑스의 풍자화가 테오필 스타인렌 Théophile Steinlen, 1859-1923 등 4인 작품을 모은 '권력과 풍자 Power and Satire'를 볼 수 있다.

서울의 문화유산과 함께하는 순화동천

인문예술공간 순화동천은 출판기념회, 강연 등을 포함해 공연예술 관람과 인문학 강의(인문학당)도 들을 수 있는 곳이다. 책만 보는 서점에서 벗어나 미술작품 전시와 다양한 예술문화 행사로 외연을 확장해왔다. 2021년 8월 한길사 45주년 기념에 맞춰 한길그레이트북스 브랜드전을 진행했으며, 11월 초에는 신진작가 양성을 위한

• 여유 있게 책과 만날 수 있는 순화동천은 길게 뻗은 복도와 한쪽 벽면을 가득 채운 초록색 서가가 인상적이다. 책과 예술에 대해 신나게 토론하고 인문학 강의를 들을 수 있는 공간을 제공하고 있다.

전시(Hyper-Connected Society)가 열릴 정도로 행사가 꾸준히 지속되고 있다. '책은 생명'이라는 화두를 품고 외길 인생을 살아온 서점주가 만들어낸 복합문화공간은 단지 아파트 주민들만의 편의를 위한 공간은 아니다. 문화행사에 적극적으로 참여하거나 소문을 듣고 서점을 찾아오는 손님이 꾸준히 있다. 순화동천에 첫 발걸음을 들인 이들은 이구동성으로 이런 공간이 우리 동네에도 있으면 좋겠다고 부러워한다. 인문학적인 놀이터이자 방문객의 일상을 바꾸어놓는 문화 아지트이기 때문이다.

    이곳이 의미 있는 것은 순화동이라는 장소의 힘도 무시 못한다. 서대문역(6번 출구)이나 시청역(10번 출구)에서 가까운 순화동천은 덕수궁, 서울시립미술관뿐만 아니라 서소문역사공원 및 서소문성지역사박물관을 함께 즐길 수 있는 최고의 위치에 있다. 인문학을 탐구하고 싶은 현대인들의 욕구가 서울의 문화유산을 품은 이곳에서 충족될 수 있다. 서울에서 가장 아름다운 산책로를 지닌 덕수궁길(가을단풍길)이나 한국의 소중한 역사를 품은 서소문성지역사박물관의 숭고한 길에서 인문학으로 향하는 책의 길은 또 다른 즐거움을 준다. 현재 순화동천 입구에는 한길사 45년(1976-2021)을 알리는 플래카드가 걸려 있다. 한길사는 1976년에 설립되어 한 권의 책이 한 인간과 한 사회를 변화시킨다는 신념으로 좋은 책 만들기에 힘써왔다. 출판의 역사를 관통하는 이곳에서 인문학과 서점의 내일을 기대해본다.

DONGYANG BOOKSTORE

동양서림

ADD 서울시 종로구 창경궁로 271-1
BUSINESS HOURS (월~금) 9:00~21:00 (토) 11:00~20:00 (일) 13:00~18:00
TEL 02-762-0715

"오랫동안 서점을 지켜줘서 고맙다는 말을 들을 때 힘이 납니다."

– 동양서림 서점주 최소영

서울시 미래유산, 동양서림

68년 동안 혜화동을 묵묵히 지키고 있는 곳이 있다. 연극의 메카인 혜화동을 방문한 이라면 한 번쯤은 잡지나 베스트셀러를 사기 위해 들러본 적이 있는 동양서림이다. 1953년 장욱진張旭鎭 1917-1990 화백의 부인 이순경 여사가 혜화동로터리의 6평짜리 작은 공간에 처음 서점을 열었다. 1970년대 서점의 모습은 하길종 감독의 <바보들의 행진>(1975)에 고스란히 담겨 있다. 영자(이영옥)로부터 리포트를 써달라는 부탁을 받은 주인공 병태(윤문섭)가 카뮈의 <이방인>을 사는 서점이었다. 1980년대에는 개업 때부터 이 여사와 함께한 직원 최주보가 서점 운영을 맡았고, 그는 평생 직장인 동양서림과 함께 50년 넘는 세월을 보냈다. 2005년부터는 아버지 곁에서 서점을 돕던 딸 최소영 대표가 운영하고 있다. 어린 시절 동양서림은 최 대표의 쉼터였다. "책을 보며 놀았죠. 대학 다닐 때는 책방에서 아르바이트를 했어요." 최 대표에게 대를 이어 서점을 운영하게 된 계기가 있는지 묻자, 특별한 설명이 필요 없다는 듯이 그저 환한 미소로 답했다. 어린 시절부터 서점과의 동고동락은 숙명처럼 자연스러운 일이었다. "50년을 넘게 하던 일이라 집에 있으면 불편해하세요. 지금도 매일 아침에 아버지가 나와 문을 여시면 그다음에 제가 나와요. 오늘도 나오셨어요." 서점 운영에선 물러났지만 최주보 전 대표는 아직도 매일 아침 서점 문을 여는 일로 하루를 시작한다. 이렇게 부녀가 아침 햇살을 맞으며 동양서림의 역사를 만들어가고 있다.

"손님들이 오셔서 뜬금없이 오랫동안 여기를 지켜줘서 고맙다는 말씀을 많이 하세요. 그런 말을 들을 때 너무 감사하죠." 손님들에게 자주 인사를 받는다는 최소영 대표는 2018년 11월, 서점의 묵은 때를 벗기고 새 단장을 했다. 리모델링을 위한 공사에 들어갔을 때 동네 손님들이 찾아와 없어지는 것은 아닌가 걱정을 했다고 한다. 그만큼 단골과 혜화동 주민에게는 소중한 추억을 간직한 서점이었다. 리모델링 이후에도 녹이 슨 투박한 서점 간판은 동양서림의 상징처럼 옛 모습을 그대로 간직하다가 2년이 지난 후 현재의 새 간판으로 바뀌었다. 서점이 위치한 혜화동이 간판 정리에 들어갔고, 동네

전체가 다 바뀌는데 서점만 참여를 안 하는 것은 아집으로 판단되어 같이 바꾸는 걸로
결정했다. 그럼에도 동양서림의 역사를 여전히 느낄 수 있다. "서점의 역사를 보여주고
싶었어요. 일부러 흔적을 남기고 싶어서 노출을 했습니다. 다 바뀌어도 안 바뀌는 것은
있어야 하죠." 서점 외부 벽돌이나 내부 기둥에는 시간의 흔적이 그대로 드러나 있다.
굳이 방문객들이 알아봐주지 않아도 최 대표가 나름의 개성을 갖고 서점의 역사를
간직하는 방법이다.

새로운 세대가 찾는 서점으로 거듭나다

리모델링 후에는 많은 변화가 일어났다. 서울시 미래유산으로 선정된 서점답게 나이
지긋한 중년의 고객이 주로 단골손님이었지만 지금은 옛 모습을 찾을 수 없을 정도로
분위기가 바뀌었다. 예전에는 오랫동안 안 팔리는 책까지 품고 있는지라 서점 안에
책이 가득 차 있었다. 많은 책이 미덕이던 시절에서 벗어나 책의 양을 3분의 1로
줄이고 여유 있게 넓은 공간을 확보했다. 책을 편하게 읽을 수 있도록 탁자와 의자를
놓았고, 도서의 큐레이션을 강화해 선택과 집중을 한 것도 효과가 있었다. 그 결과
젊은이들이 이곳을 찾기 시작했다. 물론 백년 서점을 꿈꾸는 동양서림에게도 세대
확장이 절실했다. 리모델링 이전에는 지역 주민 위주였고 젊은 사람이 별로 없었지만,
요즘은 70~80퍼센트가 젊은 학생들이다. 최 대표는 가끔 서점에 젊은 사람만 있는 걸
보면 스스로 놀랄 때가 있다고 귀띔한다. "어르신과 젊은이가 함께 책을 고르는 모습이
하나의 프레임으로 들어오면 살짝 사진을 찍고 싶을 정도로 흐뭇해요." 매일매일
마음속으로 사진을 찍고 있을 서점주를 상상하는 것만으로도 서점의 따뜻한 공기가
전해진다. 확실히 서재와 책 진열대 사이로 여유 공간이 생기고 이전보다 쾌적해지자
고객들이 편하게 책에 빠져들었다. 특히 공간 배치를 새롭게 함으로써 생긴 예상치
못한 수확은 휠체어를 탄 사람도 편하게 책을 고를 수 있다는 점이다.

- '서울미래유산' 현판이 붙어 있는 정문의 검은색 벽돌은 건물 초창기의 모습 그대로다. 외벽뿐만 아니라 페인트가 덧칠된 흔적이 있는 기둥과 책장 사이로 벽돌이 보이는 벽도 세월을 느낄 수 있도록 그대로 두었다.

• 위트 앤 시니컬은 시를 소재로 문화행사를 기획하는 프로젝트 그룹으로, 시집 전문서점 위트 앤 시니컬과 문화 공간 사가독서를 운영하고 있다. 나선형 계단을 올라오면 마주하는 작은 공간에서 독서를 즐길 수 있고, 사가독서에서는 시 낭독회가 열린다.

무엇보다 큰 변화는 창고와 사무실로 쓰던 2층을 중앙 계단으로 연결하고 그 위에 다른 서점을 열었다는 사실이다. 동양서림 안에 유희경 시인이 이끄는 시집 전문서점 위트 앤 시니컬이 들어와 공존을 시도하고 있다. 구서점과 신서점의 만남은 이미 화제가 되었다. 최 대표는 3년 동안 두 서점의 시너지가 확실히 있었다고 즐거워한다. "서점이 같이 있으니까 든든해요. 서점주가 시인이다 보니 작가들이 많이 오세요. 서점에서 낭독회 등을 진행할 때 도움을 많이 받았어요." 68년의 역사를 간직한 서점은 이렇게 특별한 서점을 품고 백년 서점을 꿈꾸고 있다.

서점 안에 서점이 있다

동양서림의 1층과 2층은 중앙 나선형 계단으로 연결된다. 이 계단이 눈에 들어온 순간, 독립서점의 매력에 푹 빠질 준비를 해도 좋다. 2016년 7월, 신촌에 첫 시집 전문서점 위트 앤 시니컬을 열었던 유희경 시인은 서점을 2018년 11월 동양서림 안으로 옮겼다. 신촌 시절의 서점은 간판이 없어도 시집 전문이라는 것을 알고 오는 고객이 많았다면 지금은 동양서림에 들렀다가 호기심으로 2층에 올라와 우연히 시의 세계를 발견하는 사람들이 많다. "그런 분들에게 기꺼이 손을 내밀었다"고 유 시인은 말했다. 처음 동양서림 2층에 터전을 잡았을 때는 다락방을 연상시키는 작은 공간이었다. 방문하는 손님과 가족처럼 따뜻하게 지낼 수 있는 장점은 있지만 낭독회 같은 공연을 하기에는 원활하지 않아서 2020년 초에 확장했다. 좋은 공간을 확보했으나 곧 코로나19가 터졌다. "지치지 말자는 마음으로 스스로를 다잡고 있습니다." 낭독회 등의 이벤트는 연속성이 있어야 하는데, 그렇지 못한 상황을 유 시인은 아쉬워했다. 앞으로 더 많은 낭독회가 펼쳐지고 서점은 시의 울림으로 가득 차게 될 것이다. 이 서점에서 일어나는 소소하고 즐거운 이야기들은 유희경의 산문집 <세상 어딘가에 하나쯤>에 담겨 있다. 시인이 서점에서 어떤 궁리를 하는지 궁금하다면 책을 읽고 방문해보는 것도 좋다.

INTERVIEW

"책을 읽을 수 있는
환경을 만들고
싶습니다."

서점을 체험하게 하는 시인,
유희경

유희경은 위트 앤 시니컬에서 책과 서점의 차별화를 추구하고 있다. "위트 앤 시니컬은 혜화동에 위치해 있어야 가치가 있는 곳이죠. 여기에 오지 않고 만끽하고 누릴 수 있는 방법은 아예 없습니다"라고 자부한다.

시집 전문서점을 신촌에 열게 된 계기는?

출판사에 다녔고 시인이기 때문에 시집이 의미 있는 매출액이 나온다는 사실을 알고 있었죠. 시집은 거의 시리즈로 나와서 개별적으로 봤을 때는 소설보다 뛰어나지 않을지 몰라도 시리즈가 쌓여서 생기는 시너지가 있어요. 시집선은 전체를 하나로 봐야 해요. 그렇게 볼 때 소설에 못지않아요. 신촌에서 공간을 같이 쓰자고 제안한 곳이 파스텔 뮤직이었는데, 디자인 감각이 좋은 곳이어서 세련되고 깔끔하게 시작했어요. 처음 3개월은 매출이 정말 좋았습니다. 대부분의 공중파 방송국들이 인터뷰를 해 갔으니까요. 바이럴이라 할 것도 없이 소문이 났어요. 그런 시기는 다시 오지 않을 것 같습니다. 윤동주 시인의 〈하늘과 바람과 별과 시〉 초판본 때문에 언론에서 시집에 관심을 갖는 시기였고, 소위 인스타 감성이 유행하면서 시가 쓰임이 있었어요. 기본적으로 매출이 나올 수 있는 여건에 입소문이 화려하게 났고 반짝하는 대중적 관심도 있었죠. 세 가지가 잘 맞아떨어졌습니다. 그러다가 미투 운동이 일어나고 인기 있는 시인들이 구설수에 오르면서 매출이 주저앉기 시작했어요. 반년은 고생한 후 안정적인 매출을 올리다가 부동산이 폭등했어요. 월세가 오르면서 물러나야 했고, 그러면서 혜화동으로 넘어왔어요.

동양서림의 2층에 서점을 낸 이유는?
　　동양서림이 랜드마크라는 사실보다는, 저를 덥석 잡아준 말은 '동양서림이 백년을 꿈꾼다'는 이야기였어요. 1953년부터 지금까지 버티고 있는 서점이 몇 군데 없어요. 서울 한복판에서 백년을 버티는 것은 어마어마한 일이죠. 건축을 하시는 최 대표님의 남편분과 대화를 했는데, 우리가 백년 서점을 만들어봤으면 좋겠다고 하셨어요. 저는 서점지기나 서점주보다는 기획자의 정체성이 훨씬 강하기 때문에 제가 관여하는 일에서 문화적 현상이 나올 수 있다면 최고의 영광일 겁니다.

서점 안에 사가독서라는 공간이 존재한다.
　　사가독서(賜暇讀書)는 세종이 집현전 학자들한테 책 읽으라고 휴가를 준 제도죠. 서점이 해야 할 일은 사람들이 책을 사게 하는 게 아니라 책을 읽게 하는 겁니다. 책을 읽어야 필요하고 좋은 줄 알 테니 사람들이 책을 읽을 수밖에 없는 환경을 만들어야 한다고 생각합니다. 책을 읽을 시간, 공간이 없다고 해서 '그럼 내가 만들어보자'는 심정으로 만든 공간입니다. 제가 갖고 있는 돈의 한계상 작은 공간을 만들었고, 시 낭독회를 진행하고 책 읽기나 글쓰기 워크숍도 하고 있습니다.

서점에서 꾸준히 기획 낭독회를 열었다. 유료 낭독회라는 점이 특이했다.
　　서점을 열 당시 북 콘서트가 유행이었는데 예약을 많이 해도 정작 행사가 시작되면 몇 명 없었습니다. 그 이유가 돈을 받지 않고, 돈을 받을 만큼 뭔가를 보여주지 못해서라고 생각했어요. 그래서 제 공간에서 행사를 진행할 때는 공연 같아야 한다는 생각이었죠. 또 돈이 있어도 못 오는 곳으로 만들고 싶었어요. 50명 정도가 모이는 작은 공간을 매진시킬 수 있는 시인은 한국에 많습니다. 그렇게 매진되는 광경을 보여주었고 가고 싶어도 못 가는 곳이라는 인식을 분명하게 심어놓았어요. 이런 것이 작은 서점의 이벤트에 크게 이바지한 부분이라고 생각해요. 노쇼 방지를 위해서라도 유료 낭독회가 점점 늘어났어요. 작은 서점들이 책만 팔아서는 안 된다는 것은 분명한 사실이고, 다른 특색을 보여줘야 하는데 방법은 두 가지라고 생각해요. 하나는 다른 서점에서 팔고 있지 않은 책을 파는 것. 그게 독립서점의 기본적인 개념이죠. 또 하나는 책을 사는 것 말고 다른 경험을 하게 해주는 겁니다. 저자와의 만남 혹은 같이 책을 읽는 모임이죠. 서점에 오는 것이 남다른 문화생활이 되어야 합니다.

BACK TO THE BOOKS

CITY TRAVELLER × DIFFER AND REACH

도시여행자×다다르다

ADD 대전시 중구 중교로 73번길 6
BUSINESS HOURS 12:00~20:00 화요일 휴무
TEL 010-9430-2715

"우리는 다 다르지만, 서로에게 다다를 수 있습니다."

– 서점 다다르다 김준태 콘텐츠 디렉터

로컬 콘텐츠를 주도하는 도시여행자

대전시 중구에는 특별한 문화 거리가 있다. 문화예술의 거리라는 별명을 가진 대흥동이다. 향수를 불러일으키는 아날로그 감성과 쉽게 접할 수 있는 공간이다. 이곳에 '삶은 여행'이라는 슬로건을 서점 상호보다 더 크게 유리창에 붙여놓은 서점이 있었다. 2011년부터 여행을 주제로 문화예술 커뮤니티 역할을 하던 독립서점 도시여행자였다. 처음엔 카페를 기반으로 한 복합문화공간으로 운영되다 2014년부터 서점의 북 큐레이션을 바탕으로 다양한 라이프스타일을 제안해왔다. 2015년부터 '시티페스타'라는 여행 페스티벌을 개최하기도 했다. 도시여행자는 대전을 기반으로 독자적인 로컬 콘텐츠를 생산해왔다. 이렇듯 젊은이들에게 큰 지지를 받으며 대흥동을 이끌어가는 주역으로 자리매김했다. 하지만 인기를 끈 만큼 임대료가 올라 폐업 위기에 처하자 기존에 운영하던 책방을 2018년 8월에 문 닫고 두 번째 오픈을 준비했.
"문화예술을 기획하는 이들이 사람을 불러 모으면 부동산 가치가 뛰면서 문화예술을 기획하던 사람들은 결국 내쫓기는 현상이 발생하고 있습니다. 대흥동도 문화예술을 만드는 사람들이 공간을 어느 정도 가꾸어놨는데 공간을 떠나야 하는 현상이 발생한 겁니다"라고 김준태 콘텐츠 디렉터는 당시 도시여행자가 처한 위기를 설명했다.
대흥동에는 도시여행자의 가치를 함께 향유하는 이가 많았기에 이 공간이 사라지는 것에 대해 다 같이 한마음으로 슬퍼했다. 고객들이 함께 서점이라는 공간을 소유할 수 있도록, 힘을 모아 건물을 매입하는 시민 자산화 프로젝트를 진행하기도 했다.

서점의 지속 가능성을 고민하는 다다르다

2019년 6월, 대흥동에서 은행동으로 자리를 옮긴 도시여행자는 라이프스타일 북숍 '다다르다'로 다시 태어났다. 새 안식처를 방문했을 때 먼저 눈에 띈 것은 간판이 없는

• 김준태 콘텐츠 디렉터는 2017년 3월, 도시여행자 시절부터 영수증에 서점 일기를 써왔다. 서점 일기가 담긴 영수증은 기록의 또 다른 형태와 가능성을 보여준다. 벽에 붙어 있는 영수증만 살짝 봐도 서점을 어떤 마음으로 운영하고 있는지 알 수 있다.

서점 건물과 서점 밖(유리창 한구석)에 놓여 있는 도시여행자라는 옛 간판이었다. 1층은 의도적으로 미완성 상태를 유지하고 있는데, 인스타그램용으로 소비되는 것을 지양하고자 간판을 달지 않았다. 2층으로 올라가면 벽 기둥을 커다랗게 차지하고 있는 영수증이 반갑게 손님을 맞이하고 있다. 이 영수증의 하단에는 진솔한 이야기가 담겨 있다. 이승희 마케터의 책 <기록의 쓸모>(3장 기록의 진화)를 보면 이곳의 영수증에 주목한다. 영수증의 재발견이라 평가하면서 대표적인 사례로 서점 다다르다를 소개한 것이다. "기존 영수증이 소비의 기록을 남기는 역할에 그쳤다면 이곳의 영수증은 서점의 이야기를 전하는 창구 역할을 한다. 사소한 영수증에 의미가 생긴 것이다. 쉽게 버릴 수 없는 무게를 지닌 다다르다의 영수증에서 사장님의 마음을 느낀다."

    넓찍한 2층은 책 진열대가 옹기종기 모여 있어 방문하는 이들이 여유 있게 오가며 책을 즐길 수 있다. 창가에 편안하게 앉아 책을 읽을 수 있는 공간도 존재한다. 모두 바퀴가 달린 책 진열대라서 쉽게 옮긴 후 행사를 진행할 수 있는 공간을 확보할 수 있다. 독자들을 푸근하게 맞이하는 서점, 다다르다의 색깔을 '틀림이 아니라 다름'이라고 김준태 콘텐츠 디렉터는 강조한다. 다양한 삶의 방향을 제시하는 다다르다는 '다다른 기획전' '다다른 북토크' 등을 통해 다채로운 관점을 제시해왔다. 최근 코로나19의 어려움에 대한 해법을 온라인에서 찾으려고 하는 시도도 놀라웠다. "동네 서점이 갖고 있는 장점은 아날로그입니다. 제가 동네에서 자전거로 책 배달을 합니다. 고마움을 전하기 위해 눈을 마주치면서 책을 전달하죠. 코로나19로 방문객이 줄자 고심 끝에 줌과 메타버스로 북토크를 해봤습니다. 대전 청년들이 많이 참여하는 걸 보면서 다른 역할을 할 수 있을 것 같아 온라인 서점도 준비하고 있습니다. 대형 서점이나 일반 온라인 서점의 카테고리대로 기획하는 것이 아니라 대전과 지역사회에 대한 고민들이 주제가 될 것 같습니다." 이렇듯 독서 생태계와 서점 활성화를 비롯해 지역사회의 발전에 대해 고민하는 김 디렉터에게 대전과 대흥동에 대해 질문하자, 친절한 안내와 더불어 지도로 화답했다. 도시여행자가 추천하는 대전 원도심 아날로그 여행 지도였다. 누구나 다다르다에 오면 대전이 보인다.

INTERVIEW

"책으로 다양성을
이야기하고,
질문을 던지는
역할을 합니다"

책으로 사람을 연결하는 기획자,
김준태

콘텐츠 디렉터 김준태는 다수에게 열려 있는 서점의 공간성, 편안하게 대화할 수 있는 사람, 그리고 서점 주인의 색깔이 반영된 큐레이션, 이 세 가지를 독립서점의 지속 가능성을 이끄는 원동력으로 꼽는다.

시민들과 서점을 공동으로 운영하려는 시도를 했는데?

다수가 건물을 소유하고 운영하는 개념을 도입하고 싶었습니다. 특수 목적 법인을 만들어 부동산을 소유하고 지속 가능성을 고민하는 청년들이 월세를 내는 구조를 만들고 싶었죠. 2주 동안 52명이 1억 6500만 원을 모아주셨지만 건물을 매입하기엔 쉽지 않았죠. 결국 매입하지 못하고 상환해드렸고, 대신 앞으로 준비해나갈 계획입니다. 특정 서점의 독자들과 생산자(서점원)가 함께 회사를 소유하는 구조를 계속 상상하고 실현해보고 싶습니다. 작년 9월, 코로나19로 힘들고 월세를 감당하기 어려워 자발적 월세라고 해서 일시적으로 월세를 함께

내는 걸 진행하기도 했어요. 보내주신 월세로 책이나 음료를 구매할 수 있도록 100퍼센트 마일리지로 전환해드리고 커피 한 잔씩 드렸죠. 이틀 동안 200명 가까이 참여해 927만 원을 보내주셨습니다. 다다르다는 다수가 함께 서점에 직접 참여할 수 있는 방안을 제안하고 있습니다.

대흥동을 떠나 은행동에 서점을 열면서 어떤 변화가 있었나?

은행동으로 이사 온 이유는 대흥동성당, 대전창작센터, 성심당이 가까이 있어서였습니다. 예전보다 더 여행자들을 만나게 됩니다. 관계는 모호할 수 있지만 외지 방문객의 비율이 훨씬 높아졌는데, 새 공간 덕분인 것 같아요. 은행동에서 꾸준한 독서 생활을 권하는 서점으로서의 역할을 하고 있습니다. 현재 멤버십 가입된 분들이 8000여 명입니다. 온라인과 비교해 불편함을 무릅쓰면서 가격 경쟁력을 고민하면서도 오프라인에서 책을 구매하는 독자들의 패턴이 있다고 봅니다. 이분들이 최소한의 윤리적 소비 태도를 갖고 있어서, 개인적으로 이들을 '느슨한 독서 공동체'라고 표현하고 있습니다. 기존 독자들은 더 편안하게, 오래 머무를 수 있는 서점을 원합니다. 앞으로는 꾸준한 독서 생활을 넘어 꾸준한 창작 생활로 이어질 수 있도록 서점을 하나 더 준비하고 있습니다. 현재의 규모로는 서점을 지속할 수 없기 때문이죠. 지역에서 더 많은 창작자들이 나올 수 있도록 환경을 만들어야 하고, 북토크 등의 행사를 단순히 향유로 그치는 것이 아니라 창작 생활로 이어지고 누구나 작가가 될 수 있도록 독립출판 클래스도 운영하고 있습니다. 지역의 더 많은 창작물이 나올 수 있는 환경을 만들고 싶어서 두 번째 공간을 꿈꾸고 있죠. 2019년 겨울, 지역 창작물을 모은 독립출판 페어도 열었습니다. 서점 생태계와 출판 생태계를 함께 고민하는 역할을 하고 싶고, 매달 지역의 독립서점들과 네트워크를 열어 18곳과 연대하고 있습니다. 제가 옛 충남도청을 출발해서 다다르다까지, 피리 부는 사나이처럼 사람들을 이끌고 2시간 반 동안 가이드 투어를 하고 있어요.

서점을 운영하면서 기억에 남는 순간이 있다면?

대전은 대학이 19개라서 타 도시에 비해 청년의 비율이 높습니다. 4년 동안 대전에서 대학을 다니는 동안 청년들이 다다르다를 중심으로 성장할 수 있다면 좋겠어요. 최근 코로나19 때문에 많은 사람을 만나지 못해서 다다르다의 화두가 잘 전달되진 않았지만, 책과 공간을 매개로 일종의 생존신고처럼 만나고 서로의 작업이나 삶의 가치를 나눌 수 있는 공간이 되기를 바라는 마음입니다. 〈아무튼, 메모〉의 정혜윤 작가의 북토크를 진행한 적이 있는데, 오전 11시 북토크에 온 25명이 같이 흐느끼면서 울었습니다. 작가의 말이나 책 때문에 눈물을 흘렸다기보다는, 비슷한 가치관을 가지고 살아가는 사람들이 주변에 있다는 안도감이었던 것 같아요. 정말 느슨하게 연결이 되어 있구나, 우리가 느리더라도 조금씩 사회를 바꿀 수 있겠구나 하는 안도감을 느낀 것 같습니다. 그때가 서점을 하면서 희열을 느끼는 순간이었습니다.

BOOKSTORE DONGA

동아서점

ADD 강원도 속초시 수복로 108
BUSINESS HOURS 9:00~21:00 일요일 휴무
TEL 033-632-1555

"특별함은 없어도 작은 감동은 줄 수 있습니다."

– 동아서점 서점주 김영건

속초의 어제와 내일을 이어주는 서점

이제 유명 관광지에서 특별한 서점을 방문하는 일은 소수의 취향이 아니라 여행 중의 휴식이라 불릴 만큼 자연스러운 과정이 되었다. 속초 하면 해수욕장이나 관광수산시장이 유명하지만, 최근에는 속초의 문화 트렌드를 즐기려는 사람들이 늘고 있다. 청초호의 엑스포 공원이나 문화 공간과 카페로 변신한 칠성조선소 등을 방문하는 이들에게 인기 있는 곳이 있다. 감성적인 공간으로 소문이 난 동아서점이다. 속초 교동우체국 옆, 속초초등학교 건너편에 위치한 동네 서점이지만, 이 서점의 역사는 무려 1956년으로 거슬러 올라간다. 동아일보사의 속초 주재 기자였던 김종록이 속초시 중앙동에 동아문구사를 연 것이 시작이었다. 1966년에는 상호를 동아서점으로 바꾸면서 본격적으로 책을 판매했다. 1972년부터 여러 출판사의 대리점을 맡으며 차츰 서점으로서의 틀을 갖추었다. 속초 시내와 영북 지역에 교과서와 잡지를 비롯해 책을 공급하는 지역의 총판 역할을 하면서 속초 대표 서점으로 발돋움했다.

  가족이 운영하는 서점은 1978년 아들 김일수가 대를 이어 운영을 맡았다. 1980년대 초부터 1990년대 후반까지 학습 참고서의 호황기였다. 소위 황금기에 동아서점은 승승장구했다. 1986년 2층이던 목조 건물을 철거하고 4층짜리 콘크리트 건물로 신축하면서 3층에 보금자리를 마련했다. 1990년대 중반 500개 출판사와 직거래할 정도로 서점의 상황은 좋았다. "조그마한 시골 서점이 무슨 돈을 벌겠냐고 하시겠지만 상상보다 훨씬 많이 벌었어요. 3월에 개학을 하면 첫 주말에 아이들이 책을 사러 왔는데, 밤에 문을 닫을 때까지 바빴어요"라고 김일수 2대 서점주는 당시를 회고했다. IMF 때까지도 나쁘지 않았지만 2000년대 중반 온라인으로 책을 주문하는 시대가 되면서 매출이 급격히 감소했다. "2000년대 들어서 인터넷이 보급되면서 서점이 급격하게 사양길로 접어들었죠. 매출이 급격하게 떨어졌어요. 한 해 한 해 눈에 보일 정도로 매출이 떨어져서 많은 서점이 그만뒀죠. 저도 2007년쯤부터 서점을 계속해야 하는가 고민하면서 버티고 있었는데, 2000년대 후반에는 그동안 벌었던 돈을 다

쓰고 대출 받아서 장사를 해야 하는지 고민했습니다." 아버지가 하던 일을 자신이 그만둔다는 것이 마음에 내키지 않았던 김일수 서점주는 어려운 시기를 버텼지만 서점 운영이 한계에 이르자 아들 김영건에게 운영 합류를 제안했다. 기존의 방식을 고집하면 안 된다는 것을 직감했던 그는 아들과 함께 리뉴얼을 결정했다.

감성으로 말을 건네는 서점

2015년 2월, 동아서점은 중앙로에서 수복로로 이전하면서 아들 김영건이 서점 운영을 맡았다. 기존 서점보다 매장 크기는 3배 정도 커졌고, 서점 안에 손님들을 위한 공간을 만들었다. 서점에 편하게 앉아서 책을 읽거나 쉴 수 있는 공간을 제공한 것은 당시로서는 파격적인 결정이었다. "서점이 가보고 싶고 머물고 싶은 공간이어야 하는데 그런 점에서 소홀한 것은 아닐까, 편하게 머물 수 있는 공간을 만들고자 고민했어요. 다시 서점으로 어떻게 발걸음을 돌릴 수 있을까, 손님들을 오게 만드는 것이 가장 중요했습니다." 그다음으로 중점을 둔 건 책을 바꾸는 일이었다. 참고서 위주의 기존 방식을 버리고 단행본에 집중하는 서점으로 탈바꿈했다. 매장에 들여놓는 모든 책을 손수 고르고 주문하면서 다시 신뢰를 얻고자 했다. 주제별 큐레이션을 선보이고 독립출판물도 소개했다.

　매장 안을 잘 살펴보면 여기저기 깨알같이 쓴 글씨로 아기자기하게 분류된 책들이 있다. 처음엔 막막해서 뭐든 해보자는 생각이었다는 김영건 서점주는 직접 손글씨로 POP Point of Purchase를 만들었다. "그건 슬픈 사연을 갖고 있어요. 보통 책이 출판되면 출판사에서 POP를 보내주는데 저희 서점은 존재감이 없어서 보내주질 않았어요. 그래서 제가 그냥 손글씨로 POP를 만들어보았습니다. 자신감이 있어서 했다기보다는 어쩔 수 없는 선택이었죠. 시간이 지나면서 점점 좋아해주시는 분들이 있었어요. 저희 서점이 갖고 있는 따뜻한 분위기와 잘 어울리는 것 같아요. 저와 아내가 손글씨로

KOREA

- 창가에 앉아 독서하기 좋은 동아서점에는 방문객들이 남긴 좋은 글을 추려 전시해놓은 공간이 있다. 서재마다 깨알같이 쓴 글씨로 아기자기하게 설명한 것도 재미있지만 가장 눈에 띄는 것은 동아서점만의 분류 방식으로 소개하고 있는 책들이다.

POP를 만들거나 기획전을 열 때 광고물을 만드는데 손님들이 좋아해주시니까 뿌듯함을 느끼죠." 서점을 같이 운영하는 아내 이수현이 그림 작업에 참여하면서 주위 사람들의 반응이 좋았다. 지금은 이런 작업이 동아서점만의 고유한 상징이 되었다. 손글씨뿐만 아니라 책 진열대에 '동아서점만의 분류 방식으로 진열했다'는 안내가 시선을 사로잡는다. 과연 동아서점만의 분류는 무엇일까? 기존 분류에서 벗어나 책에 따라 새로운 분류를 만들어주면 책이 더 돋보이는 효과를 노렸다. 즉 서점을 운영하면서 그때그때 모아보면 좋을 만한 것들을 꼼꼼히 메모해두었다가 새로운 분류를 만드는 방법이다. "어떤 직업군에 종사하는 사람들이 자신의 이야기를 하는 책이 나왔는데, 에세이 코너에 꽂아두면 잘 보이지 않았어요. 2년 전에 '일의 기쁨과 슬픔'이라는 제목으로 그런 직업군의 풍경을 담은 책들을 모아서 진열했는데 반응이 좋았습니다. 이런 분류가 책에 잘 맞는 것처럼 느껴졌어요."

리뉴얼 후 가장 큰 성과는 고객층의 변화였다. 속초에 여행을 온 사람들이 서점에 들르기 시작하면서 고객을 속초에 한정 짓지 않게 되었다. 지역 주민 위주로 책을 팔던 시절에는 상상도 할 수 없는 일이었다. 이제는 서울에서 한 달에 한 번씩 방문하는 손님이 단골이 될 정도로 전국적인 고객을 생각하게 되었다. 세월에 따라 서점의 외관이나 책 목록과 운영 방식이 변한 것처럼 조촐한 동네 서점은 나이를 잊은 채 특별한 서점으로 계속 성장하고 있다. 서점에서 자신의 여러 아이디어들을 실험해보길 원하는 김영건 서점주는 신중하게 변화를 추진하는 중이다. 그와 아내는 서점에서 파생한 개인적인 작업을 하기도 한다. 김영건은 2017년 동아서점 이야기 <당신에게 말을 건다>, 2019년 속초 안내서인 <속초> 등을 출판했고, 이수현은 '아주 사적인 속초 여행 지도'를 제작했다. 주로 동아서점과 접목해 정제된 모습을 보여주는 일을 고민하는데, 그것은 동아서점과 서점의 정신을 이어가는 서점주의 정체성을 담고 있다. 카운터 옆에 작은 아카이브 공간을 만들고 서점주 부부가 만든 책이나 작업물들을 전시하고 있다. 2022년에는 이 공간을 잘 다듬어서 65년 동아서점의 역사를 한눈에 볼 수 있게 하고 싶다는 바람을 밝히기도 했다.

BACK TO THE BOOKS
KOREA

JINJUMOONGO

진주문고

ADD 경상남도 진주시 진양호로 240번길 8
BUSINESS HOURS 10:00~22:00 설날·추석 당일 휴무
TEL 055-743-4123
WEBSITE www.jinjumoongo.com

"진주문고의 역사는 지역 주민과 함께 만들어왔습니다."

– 진주문고 서점주 여태훈

진주의 문화를 만드는 사랑방

밤하늘을 무대로 옥상에서 시 낭독회를 개최해온 진주문고는 1986년 경상대 앞에서 인문사회과학 전문서점 개척서림으로 문을 열었다. 인문사회과학 서적의 시대가 지나자 1992년 진주 평안동으로 이전하면서 진주문고로 상호를 변경했고, 1999년 지금의 평거동에 자리를 잡았다. 진주문고의 누적 회원은 무려 10만 명. 진주시 인구의 30퍼센트에 가까운 사람을 회원으로 보유하고 있다. 창업 때부터 책의 판매에 집착하기보다는 지역민들의 마음을 얻는 데 전력했던 서점주의 노력과 헌신 덕분에 진주를 상징하는 서점으로 자리매김하게 되었다.

　진주문고는 30년의 세월 동안 아이들의 놀이터이자 지역의 문화 공간이었다. 진주에 사는 아이들은 이 서점에 모여 책을 고르며 성장했다. 그래서인지 서점이라기보다는 어린이도서관 같은 풍경이 날마다 연출된다. 아이들이 1층에서 뛰거나 돌아다녀도 여느 서점과 달리 제재를 하지 않는 사실에 놀랄 수도 있다. 아이들이 놀이터처럼 즐기는 모습이 이곳에서는 일상이다. 보호자가 아이를 서점에 맡겨두고 볼일을 보러 가거나 아이를 혼자 서점에 보내기도 하는데, 동네 사랑방 역할을 자처하는 서점에서는 전혀 이상한 일이 아니다. 서점은 그만큼 지역민들과 하나가 되어 있다. "아이들이 와서 자유롭게 책을 읽고 즐거워하죠. 그걸 정리하는 건 서점인으로서의 역할이라고 생각하기 때문에 조금 힘들어도 많이 와서 즐겁게 있는 것이 감사합니다"라고 말할 정도로 직원들 역시 아이들의 행동에 불평을 늘어놓지 않는다. 아이들이 보던 책을 원래 자리가 아니라 다른 곳에 꽂는 경우도 종종 있다. 특히 아이들이 보는 그림책은 훼손이 잘되어 래핑을 하는 경우가 많은데 이곳에선 그런 것조차 감수하고 마음대로 보게 한다. 즉 서점 직원이나 고객 모두 아이들이 자유롭게 즐기는 환경에 익숙하다. 진주문고는 단순히 책을 파는 곳이 아니라 처음 문을 열었을 때부터 보고 싶은 책을 마음껏 읽고 갈 수 있는 공간이었다. 아이들의 놀이터이자 도서관이 된 서점을 보면 서점주의 남다른 철학이 느껴진다. "마을에 어린아이가 태어나면 그 아이를 키우기 위해 마을 전체가 다 필요합니다. 사람, 자연환경, 분위기. 그런 것처럼 이 지역도 계속 유지, 발전, 성장, 성숙되려면 어린아이에게 마을이 필요하듯 이런 마을 같은 공간이 필요하다고 생각해요. 그런 공간이 저에게 또는 시민들에게는 서점이 될 수 있지 않을까 그렇게 생각하고 있습니다." 여태훈 진주문고 서점주는 서점이 마을의 역할을 해야 한다고 강조했다.

때로는 자유분방한 아이들과 수험서를 찾는 학생들, 조용히 책을 읽고 싶어 하는 독자들이 충돌할 수 있지만, 2018년 리모델링으로 공간을 확장한 후 지금은 층별로 특색 있게 나눠지면서 고객층도 나름 대로 욕구를 충족할 수 있게 되었다. 진주문고는 5층 건물 전체를 서점 공간으로 활용하고 있다. 1층은 아동, 생활, 잡지 코너로 아이들이 계단식으로 된 좌석에 앉아서 편하게 쉬거나 책을 읽는 모습을 쉽게 볼 수 있다. 2층에는 청소년, 학습 수험서 코너로 인문학 프로그램, 공연, 전시 등 다채로운 문화행사를 진행하는 문화관 여서재餘書齋가 있다. 3층은 문학, 인문, 예술, 과학 서적이 준비되어 있는 청년존이다. 서점의 직원들이 읽어야 할 책들을 선정해 정성스럽게 진열해놓은 기획존에서 진주문고의 큐레이션을 볼 수 있다. 5층에는 옥상정원과 도서출판 펄북스가 있다. 여태훈 대표는 2015년 지역출판사 펄북스를 설립해 주로 서점이나 책, 지역에 관한 책들을 발간하고 있다.

끊임없이 변화를 추구하는 진주문고

진주 어린이들이 많은 추억을 간직한 공간은 책방을 넘어 복합문화공간으로 성장했다. 지역민의 사랑을 독차지해온 진주문고는 2018년 서점을 리모델링한 후 청소년이나 젊은 고객층이 많이 찾고 있다. 서점의 기능뿐만 아니라 지역의 커뮤니티 공간에 중점을 둔 변화는 좋은 반응을 이끌어냈다. 코로나19 시기에도 비대면 행사를 지속적으로 진행하면서 인문학에 목마른 고객들에게 시원한 우물로 기능했다. 2021년에는

- 진주문고 1층에는 아이들이 자유롭게 책을 읽을 수 있는 아동 코너가 있다. 또한 2019년에 오픈한 북카페 진주커피에서 음료를 즐기며 독서에 빠져들 수 있다. 3층에서는 국내외 문학전집과 서점 직원이 추천하는 책을 만날 수 있다.

• 진주문고 본점에는 다양한 문화행사를 진행하는 여서재(2층)와 잠시 휴식을 취할 수 있는 옥상정원이 있다. 올해 3월에는 두 번째 분점인 혁신점을 오픈해 지역 확장에 나섰다. 진주문고는 안주하지 않고 끊임없이 지역민들에게 다가서고 있다.

진주문고에 두 가지의 의미 있는 일이 있었다. 먼저 새로운 분점이 생겼다. 본점인 진주 평거점과 분점인 MBC점(2004년 개점)에 이어 3월 혁신점을 개장함으로써 지역 확장과 고객 확보에 나섰다. 진주의 미래를 선도할 혁신도시에 생긴 서점은 약 150평 규모로 독자층이 주로 젊은이들이다. 유아, 아동 도서를 비롯해 에세이와 자기계발서가 많이 팔리고 있다. 8월에는 진주문고 홈페이지를 오픈하고 이달의 주요 행사를 일목요연하게 알림으로써 회원들과의 소통 및 접근성을 높였다. 작가와의 만남, 인문학 교실, 북클럽(온라인 진행), 문화행사 등의 정보를 쉽게 알 수 있다. 최근 김지율 시인, 구효서 소설가의 북토크를 여서재에서 진행했고, 정혜윤 작가의 북토크 등을 줌 온라인으로 진행하기도 했다. 홈페이지를 적극 활용해 행사를 진행하면서 진주문고는 확장성에 주목하고 있다. 타 지역에서의 관심이나 참여가 늘어나는 추세이며, 온라인으로 도서 구입이 이루어지면서 지역에 한정하지 않고 전국의 진주문고 회원을 향해 날개를 펼칠 수 있게 되었다.

최근에는 코로나19로 매출이 떨어지다 보니 절박한 심정으로 다양한 시도를 모색 중이다. 눈에 보일 정도로 판매를 끌어올린 것은 아니지만 홈페이지를 구축하는 노력은 지역사회와 진주문고를 아끼는 회원들에게 보내는 신호였다. 더불어 홈페이지를 서점의 역사와 문화를 보여주는 아카이브 용도로 사용하고 있다. 진주문고 역시 시행착오를 거치며 나름의 생존 방식을 찾고 있다. "독서 인구가 줄어들고 책의 판매가 줄어드는 것은 어쩔 수 없는 일이죠. 대세를 거스르면서 변화할 수는 없는 일입니다. 할 수 있는 한 최선을 다한 후 자연스럽게 서서히 사라질 수도 있습니다"라고 여태훈 서점주는 말했다. 현재의 어려움을 순리대로 받아들이지만, 쉬지 않고 자신의 길을 묵묵히 걸어가겠다는 또 다른 의지의 표현이기도 하다. 끊임없이 변화와 혁신을 추구해야 하니 서점의 완성은 없다고 생각하는 서점주는 진주문고를 지역민들의 일상에 스며들게 한 것처럼 다양한 시도를 통해 또 다른 도약대를 찾아낼 것이다. 현재 진주문고는 단순히 책 판매에 머물지 않고 다양한 문화 프로그램, 커뮤니티 운영 등을 적극적으로 하면서, 서점과 문화 공간으로서의 균형을 찾아가고 있는 중이다.

BACK TO THE BOOKS
KOREA

INDIGO GROUND

인디고 서원

ADD 부산시 수영구 수영로 408번길 28
BUSINESS HOURS 11:00~19:00 월요일 휴무
TEL 051-628-2897
WEBSITE www.indigoground.net

"다음 세대를 위한 문화적 풍토를 만들고, 그것을 지켜내는 것이 제 소명입니다."

– 인디고 서원 서점주 허아람

청소년을 위한 인문학 서점

사설 학원과 동네 빵집들이 밀집해 있는 수영구 남천동 한복판에 부산을 대표하는 서점이 있다. 청소년들에게 상상력을 더해주기 위해 운영되는 청소년 인문학 시점, 인디고 서원이다. '청소년'과 '인문학'이라는 두 개의 빛나는 키워드를 내세운 최초의 서점에서 아름다운 미래를 꿈꾼 주인공은 허아람 대표다. 청소년 인문학 교육을 십수 년간 해온 그녀가 가장 자신 있고 익숙한 키워드였다. 허 대표는 2004년에 유럽여행을 갔다가 6개의 대학 도시를 방문해 70여 곳의 서점을 돌아다녔다. 당시 부산의 척박한 서점 환경에서 자랐던지라 유럽 서점을 방문했다가 그들의 문화 권력에 충격을 받았다. 그저 대학 구경을 하고 싶다는 마음에 떠난 여행이었지만 돌아오는 비행기 안에서 우리 동네에도 책방을 열어야겠다고 다짐했다. 기내에서 서점 이름을 떠올리고 '인디고 서원'이라고 메모했다. 7월 초에 돌아와 바로 준비를 시작했고 8월 28일에 오픈했다. 13평 작은 책방에서 생애 첫 서점을 시작했고 서가를 만드는 목수가 톱밥을 날리는 것을 보면서 인디고 서원의 비전을 제시한 창립 취지문을 썼다. "서점 하면 '상점 점店'자잖아요. 서원이라 한 것은, 조선시대에 있었던 우리 전통의 서원 개념도 이어가고 또 하나는 책의 정원이라는 말을 쓰고 싶었어요. 책의 정원이란 의미에서 서원이죠. 책의 정원에는 씨앗이 심어질 테고 그 씨앗들이 햇빛과 바람을 받아서 쑥쑥 자랄 수 있겠죠. 그래서 전 어떤 영적인 혹은 정신의 성장을 이루는 책의 정원이라는 이름을 생각했습니다." 그렇게 이름을 짓고 나니 자연스럽게 서점의 정체성이 만들어졌다. 모든 것이 속전속결로 이루어졌다. 공간은 작았지만 청소년을 위한 최초의 인문학 서점은 곧 언론의 주목을 받았다. '우리 동네에 서점 하나 있으면 좋겠어'라는 작은 바람이 청소년을 위한 인문학 서점의 탄생으로 이어진 것이다.

인디고 서원은 서점 안에 은행나무가 있는 것으로 유명하다. 그래서인지 서점에 책이 아니라 나무를 보러 오는 사람도 많다. 소문만큼 신기한 나무가 방문객들을 포근하게 맞이한다. "전 장소성, 공간이 주는 힘에 대해 믿는 편입니다. 누구나 공간에 맞는 적합한 행동을 하기 마련이잖아요? 장소는 그래서 중요한 것 같습니다. 제가 예전에 보던 서점은 참고서를 던져주는 곳이었어요. 그런 공간에 저항이 컸기에 변화를 원했죠. 공간이 작아도 인문적, 예술적으로 제가 할 수 있는 최선을 구현한 공간이기를 바랐습니다. 그래서 서점에 아름다운 나무가 들어와야 한다고 생각했죠. 공자가 은행나무 단杏壇에서 가르쳤다는 사실을 알고 있었고, 서점에서 공부하는 사람들, 책 읽는 사람들이 있으니 하나의 상징으로 은행나무가 좋지 않을까 해서 처음부터 설계했습니다." 아름다움이 일상에 있는 것을 중요시하는 허 대표는 계절별로 은행나무 색깔이 변하는 것이 좋다며 은행나무를 건물 안에 배치한 이유를 설명했다. 때로는 나무 주변에 건물을 둘러서 친환경적으로 지은 서점이라고 잘못 알려질 정도로, 은행나무의 존재감은 강력하다. 반면 서점 건물 뒤편에 있는 50년이 넘은 은행나무의 경우, 그대로 자리를 지키면서 서점의 친구이자 버팀목이 되었다.

인디고 서원은 초록색 지붕을 지닌 아담한 4층 건물이다. 1층은 인디고 아이들(어린이 책방), 2층은 인디고 서원(청소년 서점)이 있다. 3층은 회의실로 청소년들의 자발적인 책 읽기가 토론을 거쳐 잡지 <인디고잉>이 만들어지는 공간이다. 4층은 사랑방 같은 허 대표의 개인 공간이고, 지하에는 공연을 할 수 있는 소극장이 마련되어 있다. 이 건물만으로는 강의 진행이 어렵기 때문에 길 건너편에 마련된 부설 연구소에서는 청소년 인문학 강의를 진행하고 있다. 또 서점 뒤편에는 2007년부터 운영하는 에코토피아Ecotopia가 있다. 초록색 문이 달린 에코토피아의 뜰에는 녹색 식탁과 의자가 마련되어 있는데, 이곳은 나무의 속삭임을 들으며 식사를 하거나 한가로이 독서를 즐기기에 좋은 공간이다. 인디고 서원은 이미 서점을 넘어서는 공간과 역할을 수행하고 있다. "인문학 서점의 범위 안에서 책을 갖추고, 그 책들이 함께한 사회에 담론을 형성할 만한 좋은 분위기를 제공한다면 그런 색깔을 가진 서점의 형태도 나쁘지 않다고 생각했습니다." 허 대표의 설명대로 이곳은 단순한 서점이 아니다. 청소년들에게 도덕적 품성과 비판적 지성, 예술적 감성 같은 인문학 정신을 권하는 역할을 서점이 스펀지처럼 흡수했다고 생각하면 된다.

• 인디고 서원에는 어린이 책방(1층)과 청소년 서점(2층)이 있다. 건물의 독특한 구조상 어린이 책방과 청소년 서점이 바로 층계로 연결되지 않고 분리되어 있는데, 덕분에 두 공간의 분위기가 다르다.

• 인디고 서원이 출판하는 청소년 인문잡지 〈인디고잉〉은 청소년들의 독서와 토론을 토대로 만들어지고 있다. 자연과 환경을 생각하는 에코토피아 역시 인디고 서원의 정신을 느낄 수 있는 레스토랑이다.

인문 공부와 삶 속에서 배움을 실천하며 인디고 유스 북페어를 비롯해 여러 행사를 진행해왔지만, 두 가지의 행보가 눈에 띈다. 먼저 잡지다. 강의와 독서 토론이 바탕이 되어 만들어지는 잡지로 청소년들만의 목소리를 담아냈다. 2006년 8월 창간된 청소년 인문교양지 <인디고잉INDIGO+ing>은 문학, 생태 환경 등 6개 테마 안에서 다양한 주제로 청소년의 글을 수록하고 있다. '꿈꾸지 않는 자는 청년이 아니다'라는 주제가 매력적이다. 인문학 사고로 완성된 수준 높은 글이 인상적인데, 청소년 스스로 능동적인 책 읽기를 할 수 있어서 가능했던 일이다. 2010년 봄에는 국제 인문학 잡지 <INDIGO>가 창간되었다. 그리고 2021년 봄에 어린이 인문교양지 <희망을 부르는 어린이>를 창간했다. 이 잡지들은 어린이와 청소년의 사유뿐만 아니라 그들의 역사를 기록하고 있다. 더불어 주목해야 할 것은 청소년 인문 토론의 장, 정세청세(정의로운 세상을 꿈꾸는 청소년, 세계와 소통하다)다. 청소년 토론 프로그램은 청소년들에게 큰 호응을 얻어 전국으로 확장되며 성장했다. 2021년 9월, 정세청세는 '두려움을 이기는 연대의 힘'을 주제로 토론을 진행했다. 두려움을 이겨내고 만들고자 하는 그들만의 새로운 세계는 어떤 모습일지 청소년들이 자문했다.

서점의 역할은 이곳에서 상상 이상으로 성장해왔다. 책방의 기능을 다시 생각해야 하는 시점이 왔다고 판단하는 허 대표는 '서점이 곧 학교'라고 주장한다. 서점이 물리적인 공간으로서의 학교 역할도 하지만, 책 읽기가 교육의 본질적인 모습을 되찾는 데 이바지하는 모습을 그리고 있다. "인디고 서원은 교육기관이기도 합니다. 한국의 교육이 바뀌어야 앞으로 새로운 시민사회를 열어갈 수 있습니다. 책방 안에 책 읽기와 인문학 교육이 있어야 변화를 함께 도모할 수 있는 시민으로 성장할 수 있죠. 다음 세대를 위해 문화적 풍토를 만들어주고, 그것을 지켜내는 것이 제 소명입니다." 17년 동안 서점을 유지할 수 있었던 비결을, 허 대표는 "읽는 것에 그치는 것이 아니라 좋은 것을 만들고 실천하고, 함께 나누는 노력을 게을리하지 않았던 성실함"에서 찾는다. 그녀의 열정이 어떤 결과를 잉태했는지 궁금하다면 인디고 서원을 직접 방문해보면 된다. 오롯이 책에 집중하게 만드는 서원의 분위기가 모든 것을 대변하고 있다.

INTERVIEW

"인간의 양심과
인간적인 삶을
유지하게 만드는
서점을 고민합니다."

나눔과 연대를 실천하는 서점주,
허아람

공공의 사유를 문화 공간인 서점에서 키워나가야
한다고 주장하는 허 대표는 자유와 균형을 이룰 수
있는 의무를 중요시한다. 전 세계의 예술가들과 연대를
통해 인디고 서원을 한 뼘 한 뼘 성장시켰다.

2007년 남천동으로 신축 이전을 했는데, 서점
확장에 어떤 계기가 있었나?

　2004년 인디고 서원을 열었을 때 아름다운
풍경이 펼쳐졌어요. 서점이 생긴 지 얼마 안 될
무렵 '열두 달 작은 강의' 같은 학부모를 위한
무료 세미나를 하면 30명이 들어올 만한 공간에
100여 명이 찾아와 학부모들이 골목을 에워싸는
일이 벌어졌습니다. 서점을 여는 날 인문학
토론 프로그램의 1회 주제가 '주제와 변주'였고
지금은 113회가 되었죠. 그 행사에 예상보다
많은 학생이 왔고요. 공간이 너무 좁아서 밀도가
높았고 다른 의도가 있었다기보다는 방법이
없었어요. 건물을 멋지게 짓는 문제가 아니라
좁아서 뭘 못 하니 40평의 주택과 땅을 구입해

건물을 지어 큰 공간으로 오게 되었죠. 당시에는 저도 모르게 파장이 커졌어요. 적절한 시기에 문화 공급자와 그것을 원했던 사람들이 인디고 서원에서 만난 겁니다. 1000명이 넘는 행사를 벡스코 컨벤션홀에서 진행했는데 가득 찼어요. 입장료 대신 책을 읽고 질문지를 만들어놓은 사람만 들어올 수 있게 했어요. 그런 행사를 너무 갈구하던 지역민들이 참여했고 북페어를 열었을 때는 전국의 학생들이 모이기 시작했어요. 단일 공간에 사람들이 모여 공동체의 책 읽기와 사유, 토론의 시간을 가지는 것이 제 목표였습니다. 상업적으로 성공한 적은 없지만 그런 의미에서 전 대박을 쳤어요. 그게 제가 꿈꾸던 것, 서점을 통한 문화의 장이었습니다.

인디고 서원에서 사진가 크리스 조던의 책도 출판했다. 또한 4층 공간에 'Chris Jordon Studio'라고 이름을 붙여놓았다.

100여 명이 넘는 외국 손님이 인디고 서원에 왔는데, 그중에 개인적으로 가장 친하게 된 친구입니다. 크리스 조던은 미국 대량생산 대량소비의 문제를 추적하는 플라스틱 시리즈를 찍었어요. 인디고 서원에서 조던의 플라스틱 사진들을 강의 자료로 쓴 적이 있어 우리에겐 친숙했어요. 그래서 2018년 인디고 유스 북페어에 초청을 했죠. 마침 다큐멘터리 〈알바트로스〉가 완성되었고, 청소년 대상으로 영화 상영 및 강의를 해달라고 정식으로 초청했습니다. 페이스북으로 연락했는데 흔쾌히 바로 오겠다고 답이 왔습니다. 백팩을 메고 부산에 왔는데 처음 만났지만 밤새 이야기를 할 정도로 생각이 잘 통했어요. 이렇게 끝날 수 없다고 생각해 8개 도시에 스크리닝을 하게 도왔습니다. 그랬더니 20년 동안 찍은 사진의 원본을 제 컴퓨터에 심어주고 갔어요. 최고의 선물이었죠. 지금은 조던이 칠레에서 아름다운 자연을 지키기 위한 프로젝트를 준비 중에 있습니다. 한국에서 기금을 모아달라는 메일이 최근에 왔어요. 지구의 아름다운 자연을 지키는 프로젝트를 고민하고 동참한다는 의미에서 기부를 했어요. 플라스틱을 찍는 것에서 인류가 지켜야 하는 자연의 아름다움을 추구하는 것으로, 그의 작품 방향이 선회되었죠.

초대한 사람 중에 기억에 남는 인물이 또 있다면?

쌍둥이 자매가 시리아를 탈출해 난민 캠프를 거쳐 스웨덴에 정착했는데, 2016년에 그분들을 한국에 초대했어요. 북페어에서 그들의 스토리를 들려준 적이 있습니다. 자매 중에 누어 사이드(Nour Saeed)는 목숨을 걸고 탈레반에 들어가 탐사취재를 하는 기자가 되었습니다. 최근 2021년 가을호(72호) 〈인디고잉〉 표지에 시리아 조각가 니자르 알리 바드르(Nizar Ali Badr)의 조약돌 작품이 실려 있어요. 그의 작품을 쓰려 했는데 연락이 안 돼서 누어 사이드가 시리아로 갔습니다. 그녀가 난민촌에 가서 니자르를 인터뷰했고 곧 책으로 나올 예정입니다. 이렇게 깊은 우정을 나눈 친구들이 목숨을 걸고 휴머니티를 실현하기 위한 연대를 만들어왔다고 생각합니다. 이런 일들이 만들어지는 토대를 지난 17년 동안 인디고를 통해서 쌓아왔습니다.

장동건의 백 투 더 북스

Season 2

BACK TO THE BOOKS

Back to the books goes to the beautiful dream.

"<장동건의 백 투 더 북스> 시즌2가 2022년 봄에 돌아옵니다.
배우 장동건과 함께 유럽으로 서점 기행을 떠났습니다."

Netherlands 네덜란드

Austria 오스트리아

United Kingdom 영국

Greece 그리스

DIRECTOR

다큐멘터리 감독 김태영(金台榮)

1987년 각본·감독·제작을 맡은 단편 영화 〈칸트씨의 발표회〉(국내 최초로 5·18을 소재로 한 영화)가 1988년 제38회 베를린국제영화제에 초청되며 주목받았다. 5·18 연작 장편으로 1988년 12월 감독·제작한 〈황무지〉는 광주항쟁에 투입된 진압군 병사가 망월동 묘지에서 양심선언과 분신을 하는 충격적 내용을 담고 있으며, 당시 보안사령부가 이 영화의 상영을 금지해 큰 파장을 일으켰다. 2020년, 광주항쟁을 다룬 두 작품과 추가 촬영된 제작 비하인드 스토리를 한데 모아 만든 〈황무지 5월의 고해〉가 비로소 개봉됨으로써 '상영금지' 33년 만에 부활했다.

1993년 독립제작사 인디컴을 설립해, KBS에 방영된 〈베트남 전쟁, 그 후 17년〉(3부작), 〈카리브해의 고도, 쿠바〉(3부작), 〈세계영화기행〉(20부작), 〈생명시대〉(20부작) 등으로 독립프로덕션 시대를 열었다. 〈아시아 영화기행〉(EBS, 12부작)은 한국 최초로 '디스커버리 월드와이드 채널'에 5부작이 수출, 방송되었다. 2020년 〈장동건의 백 투 더 북스〉(JTBC, 4부작)를 한국 독립제작사 최초로 일본 NHK에 수출, 방송했으며, 이 작품은 2021년 제54회 휴스턴국제영화제 필름 다큐멘터리 부문 플래티넘 레미상을 수상하는 영예도 누렸다.

여러 대작 다큐멘터리를 제작총괄·프로듀싱 및 연출한 작품들로, 1993년 제29회 백상예술대상 TV비극부문상을 비롯해 한국방송대상 3회 수상 및 한국방송프로듀서상 특별상, 제15회 골든디스크상 골든비디오부문 대상, 2017 UHD 영상페스티벌 대상 최우수상, 2006년 KIPA 대상(방송위원장상), 문화체육부 장관 표창(1996년), 미래창조과학부 장관 표창(2016년) 등을 받았다.

다큐멘터리 독립군의 외길을 가면서도 또한 새로움에 도전했다. 장동건과 나카무라 토오루 주연의 SF 블록버스터 영화 〈2009 로스트메모리즈〉(2002)를 제작해 성공을 거둔 후, 2003년 배우 안성기가 노래와 주연을 맡은 한국 최초의 뮤지컬 영화 〈미스터 레이디〉에 도전했다. 이 영화 제작 중에 뇌출혈로 쓰러져 3급 장애란 훈장(?)을 달았다. 10년 뒤, 각본·연출·제작을 한 '짬뽕' 판타지 다큐멘터리 영화 〈딜쿠샤〉로 제16회 전주국제영화제(2015년)에서 라이징시네마 쇼케이스 관객상을 수상했으며, 제7회 DMZ국제다큐영화제에 초청받아 '지금 한국 사회에 꼭 필요한 영화'라는 찬사를 이끌어냈다. 현재 '촛불과 태극기' 속의 아버지와 아들에 초점을 맞춘 안성기 주연의 영화 〈광화문〉을 준비하고 있다. 2022년 하반기 크랭크인과 2023년 하반기 개봉을 목표로 순항 중이다.

SPECIAL THANKS

프리젠터	장동건
공동기획	김언호(한길사 대표)
공동제작	오타 신이치(太田愼一)
협조	첸샤오화(钱小华)
	장뤼펑(张瑞峰) 주펑(周平)
	주잉춘(朱赢椿/북 디자이너)
	베이다오(北岛/시인) 아이(阿乙/소설가)
	란란(蓝蓝/시인) 종리풍(钟立风/가수)
	장레이(张雷/건축가)
	황인무(黄印武/건축가)
	쑨리에(孙越/총통부 마케팅 부장)
	쓰어찡(谢雅贞/쑹양현 인민정부 부현장)
	서노(徐璐/쑹양현 문학예술계 연합회원)
	양해연(杨慧娟) 첸무용(钱木瑶)
	이지용(중국어 통역)
	실비아 휘트먼(Sylvia Whitman)
	다비드 들라네(David Delannet)
	오치아이 게이코(落合恵子)
	이마모토 요시코(今本義子)

THANKS TO

연출	조진 이민주 백경민 김수형
	장상일 한성환
작가	박채정 김은주 강남우 정화영 김혜란
	이재우 이경화
촬영	김한성 김성열 장상일 조문희
음악	작곡&피아노 이영애
	바이올린 백경원 권오현
	비올라 이윤진 첼로 최고은
	더블베이스 엄희라 소금&대금 신승민
사진	임지민
중국어 번역	박지나 최호석 강건 현혜영
일러스트레이션	봉현
장동건 매니저	김종서 정용원
인디컴	김진철 정민우 윤인호 우규선 이상록
	권남기 임수진 김명숙 이은영 김주혜
	오명금 김경택 오정옥 황일권
도움 주신 분	정수윤 서천수 이보익 이효영 정원선
	이종문 이상길 정재우 이승준

장동건의 백 투 더 북스
BACK TO
THE BOOKS

펴낸이	김태영
글 사진	〈장동건의 백 투 더 북스〉 제작팀
기획	김태영 나원정
편집장	전종혁
편집팀	원영인 김은혜
교정	안순희
영문 교정	윤서연
디자인	전인재 주경아 (일상이봄)
인쇄	전광인쇄정보
유통	고구려미디어
해외 세일즈	YOUNG & CONTENTS

펴낸곳	(주)인디컴	
	등록일자	2016년 11월 3일
	신고번호	제2016-000307호
	주소	서울시 마포구 토정로32길13 구매시설동 501호
	홈페이지	www.indecommedia.com
	전화	02-712-1006

제1판 제1쇄 2021년 12월 17일
값 20,000원
ISBN 979-11-976846-0-9 03010

이 제작물은 아모레퍼시픽의 아리따글꼴을 사용하여 디자인 되었습니다.

BACK TO THE BOOKS is published by indecom.
All rights reserved. Reproduction in whole or part without written permission is strictly prohibited.
이 책의 글과 그림, 사진 등의 모든 콘텐츠는 인디컴의 소유이며 동의 없이 사용할 수 없습니다.
BACK TO THE BOOKS ©2021 indecom